**Modelos avançados
de gestão empresarial**

inter saberes

1ª edição

Modelos avançados de gestão empresarial

Samir Bazzi

Rua Clara Vendramin, 38 ■ Mossunguê
Cep 81200-170 ■ Curitiba ■ PR ■ Brasil
Fone: (41) 2106-4170
www.intersaberes.com
editora@intersaberes.com

Conselho editorial
Dr. Alexandre Coutinho Pagliarini
Dr.ª Elena Godoy
Dr. Neri dos Santos
Dr. Ulf Gregor Baranow

Editora-chefe
Lindsay Azambuja

Gerente editorial
Ariadne Nunes Wenger

Assistente editorial
Daniela Viroli Pereira Pinto

Preparação de originais
Gilberto Girardello Filho

Edição de texto
Floresval Nunes Moreira Junior
Palavra do Editor

Projeto gráfico
Laís Galvão

Capa
Iná Trigo (*design*)
CARACOLLA/Shutterstock (imagem)

Diagramação
Kátia Priscila Irokawa

Designer responsável
Charles L. da Silva

Iconografia
Maria Elisa Sonda
Regina Claudia Cruz Prestes

Dados Internacionais de Catalogação na Publicação (CIP)
(Câmara Brasileira do Livro, SP, Brasil)

Bazzi, Samir
  Modelos avançados de gestão empresarial/Samir Bazzi.
Curitiba: InterSaberes, 2022.

  Bibliografia.
  ISBN 978-65-5517-268-3

  1. Administração de empresas 2. Administração de pessoal 3. Clientes – Relacionamento – Administração 4. Inovações 5. Liderança 6. Planejamento estratégico I. Título.

21-90236   CDD-658

Índice para catálogo sistemático:
1. Administração de empresas 658

Cibele Maria Dias – Bibliotecária – CRB-8/9427

1ª edição, 2022.
Foi feito o depósito legal.

Informamos que é de inteira responsabilidade do autor a emissão de conceitos.

Nenhuma parte desta publicação poderá ser reproduzida por qualquer meio ou forma sem a prévia autorização da Editora InterSaberes.

A violação dos direitos autorais é crime estabelecido na Lei n. 9.610/1998 e punido pelo art. 184 do Código Penal.

Sumário

Prefácio, 11
Apresentação, 13
Introdução, 17

1 Visão holística empresarial, 21

    1.1 Entendendo o pensamento sistêmico, 30
    1.2 Modelos mentais, 41
    1.3 Visão compartilhada, 53
    1.4 Aprendizado em equipe, 64

2 Inovação para a gestão do futuro, 73

    2.1 Conceituando ideias, 81
    2.2 Colocando as ideias em prática, 94
    2.3 Impactos da inovação nas organizações, 101
    2.4 Ecossistemas de inovação, 112

3 Modelos de liderança e seus impactos nas organizações, 121

    3.1 Modelos aplicados de liderança, 126
    3.2 Governança corporativa, 134
    3.3 Impactos da liderança nas equipes de trabalho, 143
    3.4 Capacitação de equipes, 156

4 Gestão para resultados, 167
  4.1 Conceituando processos, 171
  4.2 Diferença entre gestão de processos e gestão por processos, 173
  4.3 Construindo a cadeia de valor, 179
  4.4 Processos de melhoria, 191

5 Parcerias estratégicas, 197
  5.1 *Stakeholders*, 204
  5.2 Avaliação de *stakeholders*, 214
  5.3 Liderança entre os *stakeholders*, 220
  5.4 Modelos de relacionamento, 227

6 Mudanças organizacionais, 237
  6.1 Impacto das mudanças organizacionais, 242
  6.2 Tipos de mudanças, 250
  6.3 Curva de aceitação, 255

CONSIDERAÇÕES FINAIS, 263
REFERÊNCIAS, 267
SOBRE O AUTOR, 273

Dedicatória

Para Silvana, sempre!

Agradecimentos

Não posso deixar de agradecer profundamente à minha esposa, sem a qual este livro, assim como os muitos outros que já escrevi, não teria saído da tela do computador. Muito obrigado, Silvana, por me incentivar e por acreditar sempre em mim, além de apoiar as minhas investidas (tanto as profissionais quanto as pessoais). Serei eternamente grato a você por ter assumido, sem reclamar, a responsabilidade de "gerenciar" toda a nossa casa e se preocupar com todos os detalhes de nossa vida.

Também agradeço aos meus alunos (aos que são e aos que já foram um dia)!

Prefácio

É muito mais que alegria o que sinto ao escrever o prefácio deste livro. É uma grata satisfação acompanhar a trajetória de Samir Bazzi e sua dedicação em compartilhar seus conhecimentos. Tenho visto pessoas crescerem com seus ensinamentos, alunos saírem mais fortalecidos de suas aulas e pessoas assumirem papéis importantes na vida profissional depois de um rápido convívio com ele em sala de aula.

O livro Modelos avançados de gestão empresarial possibilita ao leitor o contato direto com alguns dos mais modernos modelos de gestão e apresenta insights importantes para a transformação das empresas. E essa transformação não só mudará organizações e economias inteiras, como também modificará a própria essência da natureza humana e de nosso comportamento no convívio em sociedade.

De maneira simples, o professor Samir coloca o leitor como protagonista, conduzindo-o na construção do conhecimento. Os temas são tratados de forma lógica e sequencial, o que contribui para o entendimento e a aprendizagem. Ser o gestor/líder de uma organização não é uma tarefa fácil. É essencial que você entenda conceitos, princípios e ferramentas, e é para essa compreensão que esta obra contribui de modo bastante objetivo.

Tenho certeza de que mais este livro de Samir Bazzi auxiliará significativamente na desmistificação de muitos tópicos da área de gestão que são tradicionalmente considerados complexos, pois a abordagem adotada pelo autor permite uma interpretação prática e aponta o caminho a seguir para utilizá-los no dia a dia.

Assim como eu encontrei, você também vai encontrar, nas páginas a seguir, o conhecimento que tanto busca.

Boa leitura!

Patricia Piana Presas
Professora da FAE Centro Universitário
Diretora de Planejamento da Pontodesign, agência de *design* e comunicação

Apresentação

Esta obra tem o objetivo de apresentar os modelos avançados de gestão, desde os mais simples até os mais complexos e extremamente importantes a serem implantados nas organizações do século XXI. Procuramos desenvolver o texto de uma forma convincente e indicar aplicações práticas para ajudá-lo a entender os conceitos e os modelos de negócios modernos.

A obra está organizada em seis capítulos que se inter-relacionam, acumulando os conceitos de modo que componham um todo lógico e preciso.

No Capítulo 1, descreveremos a proposição de uma visão holística empresarial focada no pensamento sistêmico, contextualizando uma empresa como um sistema complexo (na grande maioria das vezes, como um sistema aberto). Para o entendimento dessa visão holística, trataremos de alguns processos cognitivos a fim de que você possa conhecer uma forma diferente de pensar por meio de alguns modelos mentais. Essa perspectiva empresarial pode contribuir para a formação de uma visão compartilhada nas empresas, assim como para o aprendizado em equipe.

No Capítulo 2, analisaremos a inovação voltada para a gestão do futuro, conceituando o que é ideia e diferenciando esse conceito do de criatividade. Examinaremos as principais dimensões da estrutura de conceituação de ideias, bem como os processos de implementação das ideias e sua transformação em ação. Como parte importantíssima da atuação das empresas modernas, vamos nos aprofundar nos impactos da inovação nas organizações e na sociedade de forma geral. Veremos que a atuação constante da inovação acabou resultando no surgimento de vários ecossistemas de inovação, com o objetivo de buscar a criação de valor para as empresas.

No Capítulo 3, apresentaremos alguns modelos de liderança e seus impactos nas empresas. Para tal, abordaremos os vários tipos de liderança, a governança corporativa e os impactos da liderança nas equipes de trabalho, além de determinados processos de capacitação das equipes.

No Capítulo 4, enfocaremos a gestão por resultados mediante a conceituação de processos e fluxo de trabalho, com a expectativa de estruturar a cadeia de valor e a implantação dos processos de melhoria.

No Capítulo 5, trataremos das parcerias estratégicas e da identificação dos *stakeholders* (partes interessadas), com base na teoria conceitual sobre a temática. Uma questão relevante nesse capítulo será a descrição dos vários modelos de relacionamento que podem ser implementados pelas empresas.

Por fim, no Capítulo 6, discutiremos conceitos acerca das mudanças organizacionais e seus impactos, utilizando como modelo basilar a curva de aceitação.

Para facilitar a visão geral deste livro, elaboramos um mapa mental que demonstra, de forma bem visual, a divisão dos conteúdos nos capítulos, com o objetivo de detalhar os caminhos que você percorrerá ao longo de toda a estrutura proposta.

Figura A – Estrutura conceitual da obra

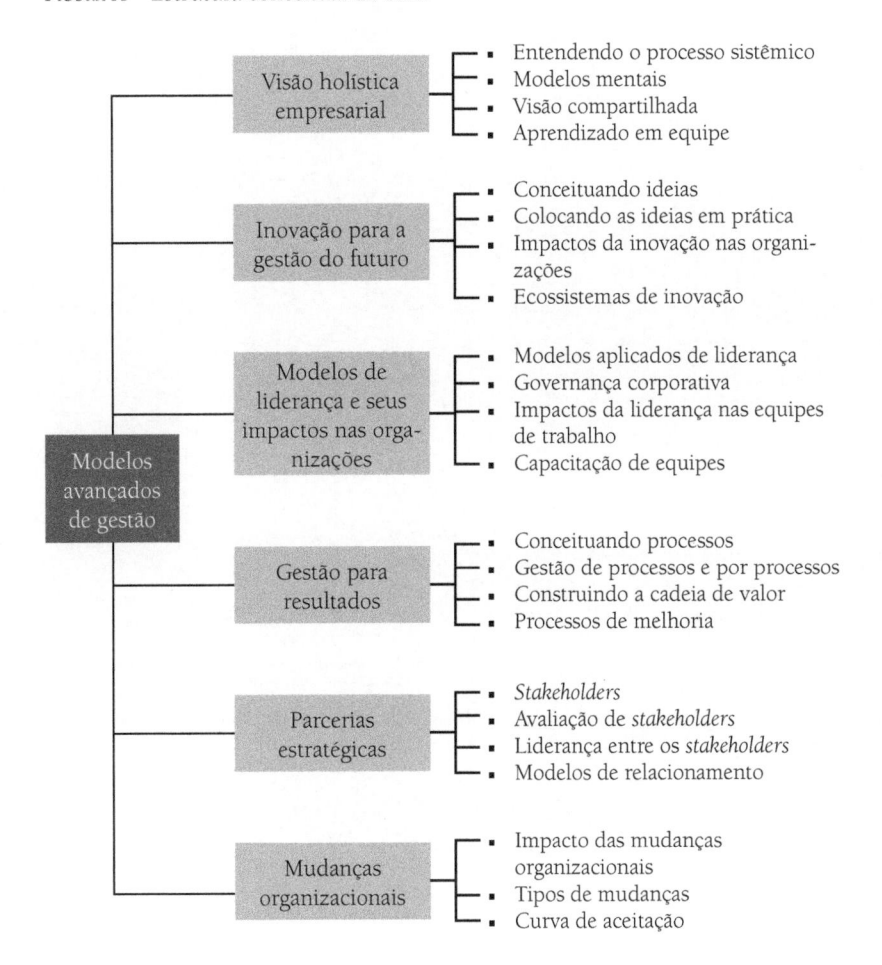

Modelos avançados de gestão

- **Visão holística empresarial**
  - Entendendo o processo sistêmico
  - Modelos mentais
  - Visão compartilhada
  - Aprendizado em equipe

- **Inovação para a gestão do futuro**
  - Conceituando ideias
  - Colocando as ideias em prática
  - Impactos da inovação nas organizações
  - Ecossistemas de inovação

- **Modelos de liderança e seus impactos nas organizações**
  - Modelos aplicados de liderança
  - Governança corporativa
  - Impactos da liderança nas equipes de trabalho
  - Capacitação de equipes

- **Gestão para resultados**
  - Conceituando processos
  - Gestão de processos e por processos
  - Construindo a cadeia de valor
  - Processos de melhoria

- **Parcerias estratégicas**
  - *Stakeholders*
  - Avaliação de *stakeholders*
  - Liderança entre os *stakeholders*
  - Modelos de relacionamento

- **Mudanças organizacionais**
  - Impacto das mudanças organizacionais
  - Tipos de mudanças
  - Curva de aceitação

Antes de começarmos efetivamente a tratar dos temas selecionados para este livro, devemos observar que não temos a pretensão de esgotar as considerações acerca dos modelos avançados de gestão. Nosso intento é que esta obra possa contribuir para o atendimento de suas necessidades reais, servindo como uma fonte de consulta e de gestão de seu conhecimento.

Introdução

A gestão é realizada em um ambiente organizado com recursos e deve conduzir os esforços organizacionais no intuito de executar tarefas e alcançar objetivos. A revolução proporcionada pela popularização da internet acarretou uma mudança permanente no dicionário de gestão. O modelo de gestão resultante desse processo, que agora já existe há décadas – da "velha" economia à "nova" –, gerou uma competição entre empresas com diferentes mentalidades e modelos de gestão.

Após a consolidação da internet, as organizações continuaram a experimentar novos modelos de gestão, e várias acabaram alcançando o sucesso. No entanto, muitos modelos de negócios não são mais tão fáceis de defender como costumavam ser. É por isso que as empresas que buscam novas formas de vantagem competitiva procuram fontes de diferenciação que sejam duráveis e difíceis de replicar.

De acordo com Takeuchi e Nonaka (2008), um modelo de gestão é apenas um conjunto de opções que fornecem as bases para que o trabalho de gestão seja executado, por meio do estabelecimento de metas, da motivação no trabalho, da coordenação de atividades e da alocação dos recursos necessários. Nesse sentido, para que uma empresa sobreviva, ela precisa crescer e, com efeito, promover mudanças. Sem um modelo de gestão de mudanças, o sucesso organizacional nada mais é do que uma esperança. Nesse contexto, a organização deve tentar associar seu negócio a um modelo difícil de replicar e que, além disso, tenha valor no mercado.

O sucesso dos negócios no século XXI não pode ser alcançado aplicando-se modelos de gestão desatualizados. Você pode se perguntar: Por que a forma de se estruturar um modelo de negócios está mudando?

Entendemos que isso acontece pelo simples fato de que mudanças inspiradoras e esclarecedoras são os desafios enfrentados pela maioria das organizações atualmente. A era em que a estabilidade e a previsibilidade são as principais prioridades das empresas já passou. A transparência do mercado, a mobilidade dos colaboradores, a globalização, a comunicação instantânea e o acesso constante à informação obrigam os gestores a sair da zona de conforto e a introduzir mudanças nas empresas.

Esses esforços representaram modificações nos processos de negócios atuais, em funções de trabalho e na estrutura organizacional, bem como na atualização da tecnologia na organização.

Embora diferentes grupos dentro de uma organização possam ter visões diferentes sobre o gerenciamento de mudanças, esse tema é extremamente importante quando se lida com o aspecto humano da mudança em um ambiente organizacional. Como as empresas continuam alterando suas políticas, seus procedimentos e seus processos de negócios, a comunicação é muito importante no local de trabalho.

Uma vez que cada organização tem diferentes valores de negócios, culturas, metas e objetivos de mudança, nem todo modelo de gestão é adequado para todas. Por isso, ao longo deste livro, vamos abordar alguns modelos de gerenciamento de mudança que você pode considerar em sua vida profissional.

Uma possibilidade nova e fascinante é que o modelo de gestão da empresa pode ser uma fonte de vantagem. Na realidade, a pergunta "Qual é o seu modelo de gestão?" pode ser tão importante quanto "Qual é o seu verdadeiro negócio?". A resposta a qualquer uma delas representa o problema mais básico do mundo corporativo. E, sem nenhuma pretensão de sermos os donos da verdade, é isso o que vamos lhe mostrar ao longo deste material.

Obviamente, a questão reside em como a maioria dos líderes de negócios interpreta (corretamente) a análise de Peter Drucker do modelo de gestão (Rosenstein, 2010). Drucker escreveu que a teoria dos negócios consiste em três partes: suposições sobre o ambiente da organização; tarefas específicas da organização; e recursos-chave para realizar as tarefas organizacionais. Juntos, esses elementos básicos determinam por que uma organização precisa ser remunerada, que desempenho se deve considerar e o que se deve destacar para manter uma posição competitiva.

Seguindo essa linha de pensamento, acreditamos que existem basicamente três aspectos de extrema relevância a serem levados em consideração ao longo dessa discussão, a saber:

- A escolha do modelo de gestão é o nível mais básico do gerenciamento de um negócio. Logo, essa escolha formará práticas e padrões específicos dentro da empresa. Como tais princípios são invisíveis e inexplicáveis, geralmente não entendemos o modelo de gestão utilizado.
- Ao compreendermos os princípios de gestão das operações da empresa e os métodos alternativos existentes, podemos

mudar, de forma consciente, o modelo de gestão, o que trará grandes benefícios a praticamente todas as partes interessadas na organização.

- Não existe um modelo de governança perfeito, e nenhuma regra antiga pode substituir as novas. As organizações que geram vantagens competitivas por meio de seus modelos de gestão fazem escolhas sábias e diferenciadas sobre as regras que devem ser seguidas.

A adoção de qualquer forma de mudança na vida parece um processo arriscado, mas o fato é que os tempos estão mudando e empresas modernas e bem preparadas devem estar prontas para aceitar mudanças e se adaptar a elas. Por isso, a escolha do melhor programa de gerenciamento para a organização deve ser uma estratégia bem elaborada, na qual se possa contar com a confiança e o apoio da maioria dos *stakeholders*.

1

Visão holística empresarial

Conteúdos do capítulo:

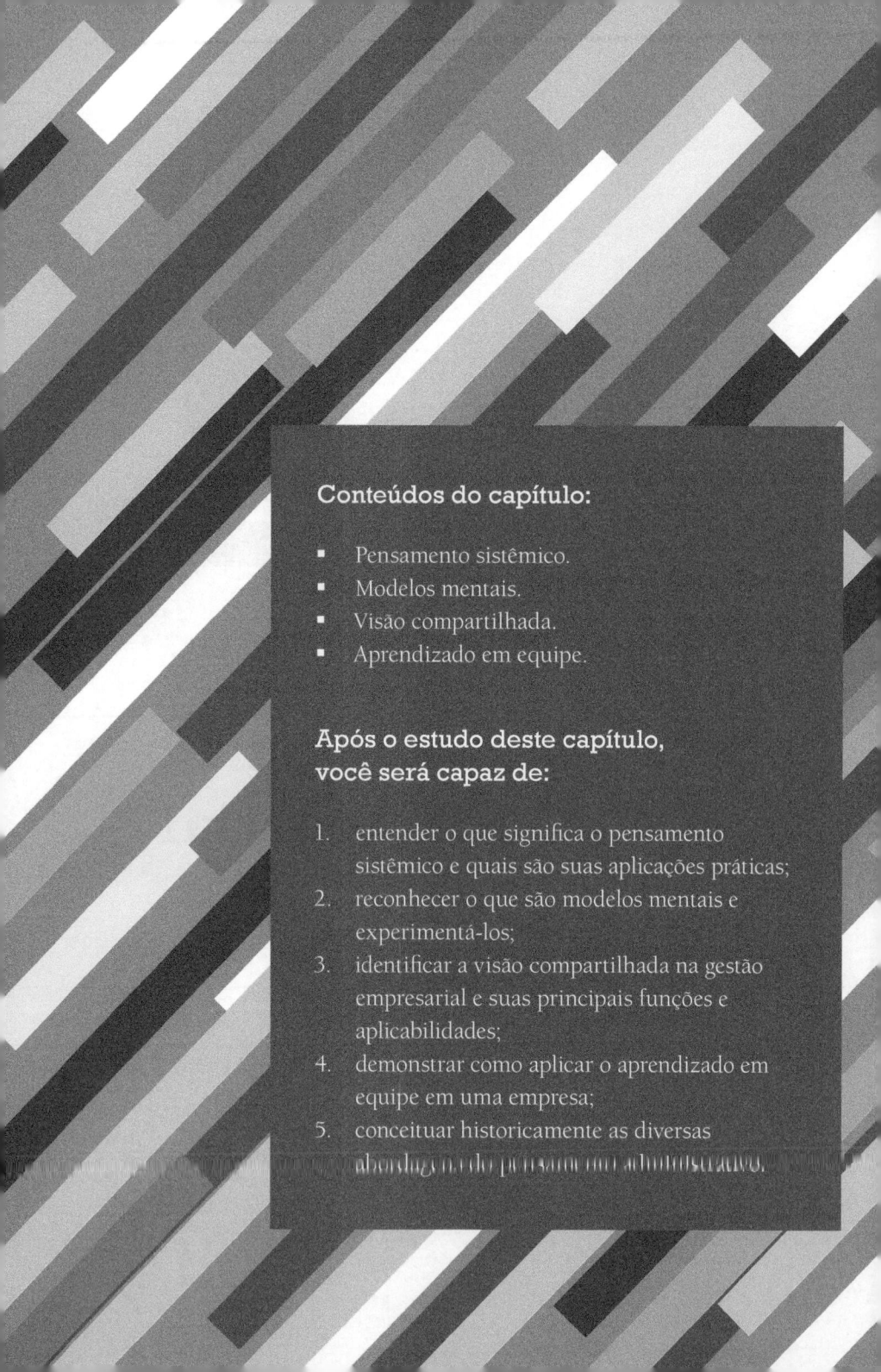

- Pensamento sistêmico.
- Modelos mentais.
- Visão compartilhada.
- Aprendizado em equipe.

Após o estudo deste capítulo, você será capaz de:

1. entender o que significa o pensamento sistêmico e quais são suas aplicações práticas;
2. reconhecer o que são modelos mentais e experimentá-los;
3. identificar a visão compartilhada na gestão empresarial e suas principais funções e aplicabilidades;
4. demonstrar como aplicar o aprendizado em equipe em uma empresa;
5. conceituar historicamente as diversas abordagens do pensamento administrativo.

Antes de iniciarmos nossa jornada, uma questão crucial deve ser respondida: O que é visão holística empresarial? Caso você não tenha essa resposta na ponta da língua, não se preocupe, pois refletiremos sobre isso juntos. Mas, primeiro, precisamos contextualizar alguns aspectos importantes sobre esse assunto.

Adotar uma abordagem holística é a mesma coisa que tentarmos olhar para as coisas (e aqui, quando falamos em *coisas*, estamos falando de tudo aquilo que existe no mundo) como se elas formassem um tipo de "entidade interconectada".

Para entendermos essa situação geral – por mais que não apreciemos muito essa analogia, apregoada aos sete ventos por alguns gurus da área de gestão e de negócios –, você não deve apenas olhar para dentro da caixa; tem de olhar para fora da caixa também e, ainda, ir um pouco além: remover a caixa completamente (pelo menos, essa é a nossa visão acerca dessa "caixa").

Historicamente, uma das primeiras menções à visão holística apareceu por volta do século IV a.C., quando as pessoas foram encorajadas por Hipócrates a adotar uma abordagem holística da saúde (De Masi, 2014). O filósofo grego as estimulava a se considerarem como um todo, em vez de se concentrarem apenas em certas partes do corpo ou em doenças específicas de que porventura estivessem padecendo. Embora a saúde holística exista há muitos anos e esteja se tornando cada vez mais popular, o uso de métodos holísticos nas empresas é relativamente novo. Assim, podemos afirmar, sem nenhum receio de cometer algum equívoco, que essa visão está ganhando popularidade entre as pequenas e as grandes organizações em todo o mundo.

As empresas que usam uma abordagem holística em seu processo de gestão têm muitos benefícios, pois, segundo alegam vários autores, elas passam a enxergar falhas ou as áreas que são mais fracas do que outras. Por exemplo, ao se inspecionarem alguns departamentos separadamente, dois deles podem ter um mau funcionamento ou apresentar desempenho pior do que outros. No entanto, em geral, parece que apenas um departamento está realmente por trás do plano, o que, por sua vez, afeta o setor seguinte.

De acordo com Gallo (2010), organizações como a Apple adotaram uma abordagem holística para ajustar seus projetos e só após longos de anos de aprendizagem, com erros e acertos, é que obtiveram sucesso. O autor descreve, inicialmente, que os produtos da Apple tinham pouca semelhança entre si, pois cada departamento trabalhava isoladamente, com seu próprio líder de *design*. Com a volta de Steve Jobs à empresa, a Apple passou a adotar uma abordagem holística, tratando todos os seus produtos como um conjunto unitário e projetando-os também como um todo. O mercado acabou percebendo essa diferença de postura e, de certa forma, essa mudança fortaleceu a imagem da marca perante os consumidores. Atualmente, clientes em todo o mundo compram produtos da Apple não somente para possuírem algo da marca, mas também para fazerem parte de algo. Outras organizações de renome, como a Heineken, a Nike e a Nespresso, também passaram a adotar uma abordagem holística em sua gestão, e isso acabou propiciando a todas elas um crescimento de mercado e um impacto considerável em seus resultados financeiros.

As empresas adotam uma abordagem holística por vários motivos, porém a meta usualmente estabelecida por elas é a de crescer nos mercados local e/ou internacional ou, até mesmo, expandir globalmente. Além de olhar para a empresa e, consequentemente, para os produtos por meio de uma perspectiva holística, essa abordagem também é usada para visualizar o mercado e o público da empresa, incluindo o atual e o potencial.

Para Bourdieu (2009), o importante é que as organizações entendam o mercado como uma formação cultural, a fim de que possam buscar o crescimento na vanguarda do desenvolvimento cultural de acordo com as necessidades específicas de cada cultura. Usar a mesma tecnologia e estrutura de *marketing* em todos os países e/ou regiões não tornará todos os esforços de crescimento ou expansão bem-sucedidos. Assim, o autor explica que, para analisar o setor financeiro na Índia, por exemplo, é preciso considerar não apenas as instituições bancárias do país, mas toda a estrutura de seu ambiente financeiro. Nesse processo, alguns questionamentos extremamente relevantes para essa identificação devem ser levados em consideração (Figura 1.1).

Figura 1.1 – Questionamentos relevantes

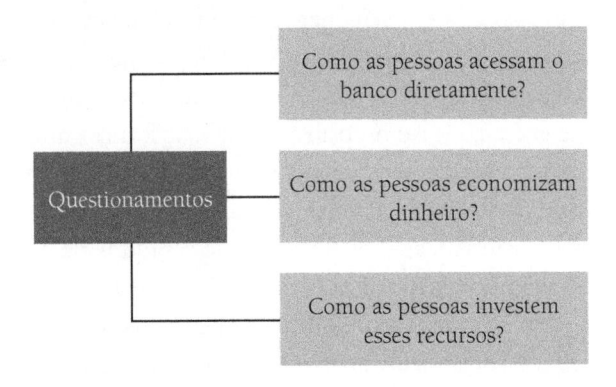

Questionamentos
- Como as pessoas acessam o banco diretamente?
- Como as pessoas economizam dinheiro?
- Como as pessoas investem esses recursos?

Por serem diferentes de região para região, alguns fatores como meio ambiente, acessibilidade, economia, valor etc. acabam dando forma a um país como um todo, no entanto nem sempre esse conjunto de fatores é suficiente para que as empresas compreendam o mercado como um todo. Portanto, as empresas precisam compreender vários outros fatores, isto é, não apenas como as pessoas usam, gastam e pedem dinheiro emprestado, mas também por que elas recorrem a isso.

Imagine, por exemplo, que o dinheiro sempre foi o principal método de pagamento na Índia porque é conveniente e rápido pagar em dinheiro. Mas isso é diferente dos métodos de pagamento *on-line*, muito utilizados na atualidade (provavelmente você usa mais seu cartão do que dinheiro em espécie, não é mesmo?), que requerem um computador e um mínimo de conhecimento em sistemas de informática. Além disso, temos de levar em conta um fator cultural muito forte na Índia, que é o alto valor familiar. Isso significa que enviar dinheiro aos membros da família é muito importante, e essa prática ocorre há milhares de anos. Essa dependência do dinheiro é muito relevante para a empresa entender como funciona o sistema de trocas financeiras na Índia, e ela terá de se adaptar a esses processos de uma forma geral.

Quando uma organização decide implementar o processo de visão holística em seus negócios, é fundamental olhar o mercado como um todo, conforme podemos perceber nesse rápido exemplo da Índia que acabamos de mencionar. Isso se deve ao fato de que é o próprio mercado que fornece um registro histórico, o que permite à empresa ajustar seu *marketing*, além de conseguir novas recomendações de negócios, entender as características e os formatos de produtos de acordo com uma cultura específica e, também, traçar novos planos pautados nas percepções adquiridas pela análise do mercado. Quer se trate de uma expansão atual, quer seja ela futura, isso ajudará a empresa a maximizar seu potencial de crescimento em determinado país ou região. Tal compreensão abrangente, além da participação na formação cultural de determinado mercado, garante que todos os aspectos de um produto ou serviço sejam apresentados aos clientes de forma adequada, acessível e ideal. Isso ajuda não apenas no crescimento, mas também na retenção e na conversão.

Vários autores reforçam essas necessidades, mas um dos que mais nos chamaram a atenção foi Chun Wei Choo, em seu livro *A organização do conhecimento*, publicado em 2003. Nessa obra, o autor retrata que, em uma visão geral dos mercados, as empresas que, em seu fornecimento de novos produtos e serviços, entendem perfeitamente alguns aspectos específicos de cada região poderão aumentar a probabilidade de sucesso e crescimento de um país. Para o autor, quanto mais uma empresa conhece outros países ou culturas, maior é a tendência de seu progresso global. E, ainda, quanto mais fácil for acessar e consumir os produtos ou os serviços ofertados em uma região, mais confiança os clientes terão na empresa.

O conhecimento de mercados internacionais é bem direcionado e não é nosso foco nesta obra. Mas sabemos que é necessário aplicar algumas metodologias que reúnem os objetivos gerais, a visão e a missão da empresa, associando-se a elas o planejamento estratégico. Tais percepções estratégicas possibilitam que as organizações obtenham visões reais sobre os mercados de atuação, sejam os atuais, sejam os futuros. É aqui que entra a abordagem holística, que passou a ser adotada por grandes empresas e tem se mostrado bem-sucedida na maioria dos casos. Obviamente, esse método está se tornando cada vez mais popular e reconhecido, e mais empresas estão adotando a visão holística para tirar o máximo proveito de sua expansão, seu crescimento, sua retenção e sua conversão.

De acordo com Senge (2010), a abordagem holística nos negócios se refere a um conceito relativamente novo, mas que está cada vez sendo mais aceito pela comunidade empresarial. Uma organização que utiliza a abordagem holística se concentra em seus componentes específicos, e essa visão será considerada integralmente em todo o processo e nas estratégias. Senge (2010) acrescenta que, ao usar a abordagem holística para conduzir os negócios, a empresa está levando em conta todo o seu potencial, e não apenas seus pontos fortes e fracos.

Muitos dizem que essa visão de Peter Senge se resume à máxima "pensar fora da caixa". Particularmente, não apreciamos esse pensamento, pois acreditamos que a ideia de "caixa" deve ser totalmente eliminada, uma vez que ela limita o pensamento da empresa. Nesse sentido, sem a "caixa limitadora", os empresários e empreendedores podem ter novas ideias e conceitos sobre sua empresa e seu papel nela. As melhorias devem ser feitas para maximizar o potencial do negócio e, em seguida, atingir o aproveitamento máximo desse potencial.

Nos últimos anos, a definição de visão holística passou por várias alterações, e muitos autores e consultores empresariais passaram a associar essa visão ao surgimento de uma nova era. É fácil entender por que isso acontece, mas é preciso notar que isso também subestima o valor filosófico do holismo. Contudo, ao considerarmos essa nova perspectiva de negócio, podemos, de certa forma, ignorar o uso filosófico do holismo. Conforme Takeuchi e Nonaka (2008), para a adoção dessa visão holística, é preciso compreender as interconexões de certas coisas, e isso passa necessariamente pela definição de um negócio; por sua vez, as partes passam a ser departamentos diferentes que se fundem em um departamento inteiro (a própria empresa).

Os métodos modernos dividem o negócio em várias partes, segundo Takeuchi e Nonaka (2008). Para os autores, há uma equipe de contabilidade, uma equipe de *marketing*, uma equipe de vendas etc., e todos esses departamentos operam de maneiras diferentes, têm os próprios gerentes, os próprios funcionários e, geralmente, atuam com relativa independência dentro da organização. A empresa inteira ainda pode conseguir essa separação, mas também deve buscar enxergar um quadro de inclusão geral. Cada departamento deve ser avaliado com base nos próprios pontos fortes e fracos, considerando-se também seu relacionamento com todos os outros aspectos da empresa. E é aí que a visão holística surge, para, em seguida, ser implementada.

Por exemplo, o departamento de *marketing* pode estar planejando o lançamento de um novo produto, totalmente inovador no mercado. Os responsáveis por esse setor aguardam um relatório com as atividades da produção, mas alguma falha acaba interferindo na entrega dos resultados esperados. De acordo com uma análise de negócios padrão, o departamento de *marketing* falhará juntamente com o departamento de produção. No entanto, olhando para isso como um todo, fica claro que há apenas um departamento por trás da produção de conteúdo. Isso significa que os gestores podem concentrar soluções e recursos no departamento de produção de conteúdo e sempre colocar o foco no cerne do problema.

Nessa ótica, três aspectos devem ser considerados para que esse processo possa ser efetivamente implementado, a saber:

1. **Utilização de técnicas apropriadas**: a tecnologia e o *software* relacionado a esse departamento são excelentes, mas também é preciso introduzir um novo sistema para supervisionar toda a operação.
2. **Envolvimento de todos os funcionários de todos os departamentos da empresa**: isso já pode ser feito no nível de gerenciamento (com chefes de outras áreas, por exemplo), mas o importante é que os funcionários,

em todos os níveis, passem mais tempo com colegas de outras áreas.

3. **Aplicação daquilo que foi aprendido**: se uma área específica da empresa é abandonada e afetada por outras áreas, outras medidas devem ser consideradas para melhorá-la, o que certamente requer tempo para procurar soluções – o mero conhecimento não é o começo nem o fim de tudo no que se refere ao holismo. Em seguida, é necessário pôr em prática aquilo que se aprendeu para melhorar as operações de toda a empresa.

Nos tópicos anteriores, destacamos os aspectos negativos de um negócio, mas, quando as coisas vão bem, o desenvolvimento geral também será beneficiado. Com a análise aprimorada e o gerenciamento de recursos fornecidos por toda a empresa, será possível garantir que todas as condições comerciais sejam totalmente utilizadas para ajudar a alcançar o crescimento e o sucesso comerciais esperados.

Nessa breve introdução, propusemos uma rápida percepção do funcionamento do pensamento sistêmico, tema no qual nos aprofundaremos na sequência deste capítulo.

Entendendo o pensamento sistêmico

Até este ponto, versamos sobre a visão holística empresarial e destacamos nessa perspectiva o pensamento sistêmico, que é um dos fatores primordiais para a implementação dessa metodologia nas empresas. Mas qual é o verdadeiro significado do pensamento sistêmico? Infelizmente, não há uma resposta fácil para essa pergunta.

Ackoff (1982) reconheceu essa dificuldade ao fornecer uma definição um tanto quanto complexa para esse conceito, que sintetizamos da seguinte forma: pensamento sistêmico é um tipo de pensamento holístico e reducionista, como se fosse, ao mesmo tempo, contínuo e analítico. Sabemos que essa definição está longe de ser precisa, já que não dá uma explicação exata do conceito, tampouco ajuda a entender quais processos cognitivos são estabelecidos no pensamento sistêmico. Por isso, vamos nos aprofundar mais nesse conceito.

Não resta nenhuma dúvida de que, quando especialistas como Ackoff (1982), assim como Senge (2010) e Valença (2017), definem o pensamento sistêmico, eles fazem alusão a processos cognitivos. Porém, para nós, do ponto de vista do ensino e da prática empresarial, as habilidades implícitas são úteis. Por exemplo, se um programa educacional é projetado para ajudar os alunos a aprender o pensamento sistêmico, eles devem articular os processos cognitivos e recursos de habilidade para desenvolver capacidades que lhes sejam relevantes. Dessa forma, conseguimos elaborar uma definição operacional específica e própria do pensamento sistêmico. O foco dessa definição é obter uma visão geral da situação e o significado das mudanças no *status quo* envolvido no processo cognitivo.

1.1.1 Pensamento sistêmico

Até certo ponto, a dificuldade em definir o pensamento sistêmico reside no fato de que ele abrange várias habilidades. Por esse motivo, propusemos uma definição em termos e aspectos específicos apontados pelos vários autores que estudamos para o desenvolvimento desta obra. Ackoff (1982) explicou que, nos últimos 400 anos, fomos treinados em paradigmas analíticos. Portanto, tratamos os termos *análise* e *pensamento* como sinônimos. Na realidade, a análise é apenas uma forma de perceber o mundo que nos rodeia.

Ackoff (1982) começou a diferenciar os conceitos de pensamento analítico e pensamento holístico. Para ele, o primeiro tenta compreender o sistema dividindo-o em partes menores e estudando essas partes isoladamente. Uma vez que compreendemos uma parte, devemos tentar explicar o comportamento geral com base no comportamento de cada uma das partes e de forma isolada. Já o pensamento holístico (ou, de acordo com outros autores, pensamento integrado) começa com uma tentativa de compreender, de maneira mais ampla, o ambiente em que o sistema opera. Depois de entendermos a função do sistema em um escopo mais amplo, devemos tentar compreender o comportamento do sistema em termos da função.

É muito importante que consigamos prestar atenção a esses dois tipos diferentes de pensamento. O pensamento sistêmico pode nos ajudar a entender como cada parte funciona, e o pensamento holístico pode explicar por que cada parte funciona.

Valença (2017) destaca que, quando o sistema é desmontado, ele perde seu desempenho básico e isso também afetará alguns de seus componentes básicos. Além disso, o elemento-chave do comportamento do sistema é observar uma interação entre as partes. Portanto, podemos concluir que, para o autor, é possível identificar o sistema por meio da análise, promovendo-se, assim, o desenvolvimento da capacidade de raciocínio.

Com base nessas perspectivas, conseguimos perceber que, nas empresas atuais, o pensamento de pesquisa deve ser encarado como uma particularidade de extrema importância, já que tais organizações se desenvolveram em um sistema social multinível. Assim, podemos reconhecer que elas fazem parte de um sistema de metas mais amplo (que podemos caracterizar aqui como a sociedade em geral), o qual contém muitos subsistemas (as áreas ou equipes da própria empresa) e departamentos (funcionários e parceiros que atuam efetivamente na organização). Todos esses sistemas e setores estão trabalhando ao máximo para atingir os próprios objetivos, sejam empresariais, sejam profissionais, sejam pessoais.

Ackoff (1982) aponta que muitos dos problemas que vemos nos negócios e em outros sistemas sociais hoje satisfazem nossas condições até certo ponto, quando os analisamos pelo viés do pensamento sistêmico. Isso ocorre pelo fato de que um sistema é como uma entidade mecânica ou biológica dentro da empresa e, se o líder não consegue entender e gerenciar corretamente a organização, seus subsistemas e os vários objetivos comuns de todas as partes não serão efetivamente integrados, como deveria ser de antemão.

Entendemos que, para gerenciar um sistema multifuncional puro (a própria empresa) e um sistema multifuncional social (a sociedade em geral), os gestores precisam assimilar que os vários elementos de um sistema devem operar sempre de forma interligada, a fim de que possam determinar, priorizar e subordinar os objetivos ao longo do tempo. Em suma, uma abordagem holística para a tomada de decisões deve ser adotada. Portanto, a primeira parte da definição de *pensamento sistêmico* diz respeito ao pensamento de planejamento ou pensamento holístico. Tendo essa premissa como base, acreditamos que podemos nos aprofundar um pouco mais na complexidade dos sistemas dentro das organizações.

1.1.2 Sistemas complexos

Para Choo (2003), o pensamento holístico é uma das partes mais importantes do pensamento sistêmico, mas o autor não consegue descrever a amplitude de todos os processos cognitivos desse pensamento. Choo observa que o sistema social é particularmente complexo. Além disso, ele indica algumas características dos sistemas complexos que dificultam que as pessoas os entendam e os apliquem. Tais fatores estão expostos na Figura 1.2.

Figura 1.2 – Fatores que impactam um sistema complexo

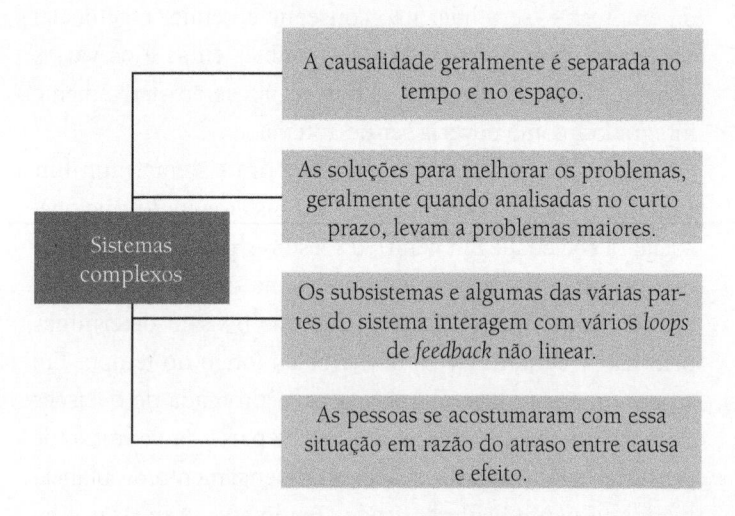

```
                          ┌─────────────────────────────────────────┐
                          │ A causalidade geralmente é separada no  │
                          │           tempo e no espaço.            │
                          └─────────────────────────────────────────┘
                          ┌─────────────────────────────────────────┐
                          │ As soluções para melhorar os problemas, │
                          │ geralmente quando analisadas no curto   │
                          │ prazo, levam a problemas maiores.       │
  ┌──────────┐            └─────────────────────────────────────────┘
  │ Sistemas │
  │complexos │            ┌─────────────────────────────────────────┐
  └──────────┘            │ Os subsistemas e algumas das várias par-│
                          │ tes do sistema interagem com vários loops│
                          │ de feedback não linear.                 │
                          └─────────────────────────────────────────┘
                          ┌─────────────────────────────────────────┐
                          │ As pessoas se acostumaram com essa      │
                          │ situação em razão do atraso entre causa │
                          │ e efeito.                               │
                          └─────────────────────────────────────────┘
```

Fonte: Elaborada com base em Choo, 2003.

É importante observarmos que dois desses fatores identificados estão diretamente relacionados com o tempo, enquanto os outros dois estão focados principalmente em interações complexas. Desse modo, entendemos que, de acordo com essas perspectivas, uma definição operacional de *pensamento sistêmico* deve incluir recursos relacionados à compreensão dos comportamentos que mudam ao longo do tempo e à forma como acontecem as interações entre as várias partes do sistema.

Ainda, é fundamental considerarmos que a maioria das pessoas aprende os primeiros conceitos causais por meio de situações simples do cotidiano, desde muito cedo. Por exemplo, uma criança sabe que, se tocar em uma panela quente no fogão, ela poderá se queimar. Suposições como essa nos ensinam uma visão de mundo orientada para os eventos e, assim como nesse caso, as pessoas enxergam o mundo como uma série de relações causais simples. Esse entendimento permite encarar os problemas como naturais e abordar suas soluções como processos discretos e lineares: reconhecemos problemas, identificamos alternativas, selecionamos e implementamos soluções e, finalmente, resolvemos. Embora essa linha de raciocínio esteja correta no que concerne a um sistema simples, para sistemas complexos ela precisa ser um pouco mais elaborada; trataremos disso na sequência de nossas análises.

Em seu clássico livro *A quinta disciplina*, Peter Senge (2010) trata, de forma bem sucinta, de um mal-entendido geral acerca do pensamento orientado para o evento, ao abordar os problemas de hoje que já foram as soluções de ontem. Podemos ver claramente que os sistemas sociais são atualmente diferentes, pois as partes têm objetivos muitas vezes bem definidos e estruturados, além de estarem em constante interação. A interdependência entre as partes é necessária e não pode ser alterada isoladamente. Sempre ocorrerão ciclos de *feedback* que terão consequências indesejadas e, geralmente, promoverão atrasos. O autor finaliza esse pensamento afirmando que tais processos devem ser analisados mais rigorosamente, por meio de uma visão cognitiva.

1.1.3 Processos cognitivos

Maximiano (2015) utiliza o termo *pensamento dinâmico* para definir a capacidade de os tomadores de decisão enxergarem fenômenos, que representam comportamentos que ocorrem ao longo do tempo, em vez de reações a eventos cumulativos. O pensamento dinâmico, para o autor, também inclui uma estrutura do sistema como a causa do problema, em vez de atribuí-la a questões externas – como costumamos fazer. Porém, para nós, isso requer o desenvolvimento da habilidade de compreender a interação entre as várias partes do sistema e o modo como a retroalimentação desse ambiente formará o resultado final, sempre considerando-se de que forma um circuito, provavelmente fechado, acontecerá.

Dessa maneira, podemos complementar nossa definição inicial de *pensamento sistêmico* acrescentando a ela, de maneira não tão direta nem formal, uma combinação de dois processos cognitivos:

1. o **pensamento integrado**, que estuda a função e os propósitos de um sistema e seus vários componentes para entender por que eles se comportam dessa forma;
2. o **pensamento dinâmico**, que examina o comportamento do sistema e de seus componentes durante o tempo de todas as interações.

Como as pessoas geralmente têm uma visão do mundo orientada por eventos, não é fácil aplicar essas habilidades. A esse respeito, Ackoff (1982) aponta que, sem a ajuda de ferramentas e tecnologia, o cérebro humano não será capaz de entender o comportamento de sistemas sociais complexos. Por exemplo, é muito difícil as pessoas conceituarem um sistema social simples, como o comportamento interpessoal. Essa dificuldade é encontrada em diferentes tipos de pessoas, com idades variadas, nacionalidades diversas, níveis altos ou baixos de educação, além de outras várias variáveis demográficas. Isso acontece, principalmente, porque nós não conseguimos pensar sobre isso com a atenção centrada em um sistema, já que muitas vezes não podemos entender o sistema social ou com ele cooperar.

1.1.4 Pensando projetos de uma forma sistemática

Para Valença (2017), Peter Senge é o grande responsável pelo interesse, no Brasil, em se estudar o pensamento sistêmico. O autor reflete sobre isso especificamente deste modo:

> O interesse pelo pensamento sistêmico, especialmente no Brasil, deve-se, em particular, à obra de Peter Senge, cuja simplificação e popularização da questão da aprendizagem organizacional transformou-a num dos maiores *best sellers* de administração. Ele ajudou a colocar a disciplina do pensamento sistêmico e a questão da aprendizagem organizacional instrumental na moda ou na mesa dos gestores há mais de quinze anos. Outra contribuição de Senge foi criar a Society for Organizational Learning (SOL), que, em todo o planeta, leva profissionais de serviços de apoio à mudança e à transformação das organizações – em especial educadores, pesquisadores, gestores e consultores – a se debruçarem sobre a questão da aprendizagem numa leitura transdisciplinar. Talvez seja esse o maior mérito de Senge. Ele animou, de modo irreversível, a investigação de como as pessoas e as equipes podem favorecer a aprendizagem e a mudança nas organizações. (Valença, 2017, p. 66)

Já para Tate (2009), o pensamento sistêmico é uma disciplina de gestão que entende e verifica o sistema de conexões e interações entre os componentes que formam um sistema previamente definido, visto que todo o sistema representa o pensamento sistemático da organização e de seu ambiente.

Um sistema oferece uma maneira de compreender, analisar e discutir o projeto e a construção organizacional, além de ser parte integrada e complexa de vários outros sistemas interconectados, o que permite que todo o sistema seja integralmente autorizado a trabalhar em conjunto. Esse trabalho em conjunto, tendencialmente, remeterá ao sucesso do que está sendo analisado e estudado.

Tate (2009) retrata as principais características de um sistema, com a aplicação direta do pensamento sistêmico em atuação dentro de uma empresa:

- Todo o sistema consiste em uma unidade básica que contém várias outras entidades (métodos, processos, práticas e pessoal) e ainda pode ser dividido em vários outros subsistemas.
- As restrições de um sistema podem ser vistas como fechadas (explícitas) ou abertas (quando vinculadas ao ambiente). A visualização de um sistema aberto é muito mais comum e mais realista do que a de um sistema considerado fechado.
- Os limites de todo o sistema podem ser estabelecidos para atender a um propósito específico a ser considerado pela empresa.
- Os sistemas podem ser definidos e selecionados em níveis diferentes, além de serem categorizados ou lado a lado ou de uma forma hierárquica – por exemplo, sistemas financeiros, sistemas de tomada de decisão e sistemas de autorização.

- A empresa, quando vista como uma entidade, pode apresentar determinadas falhas sistêmicas, e isso pode ocorrer praticamente em todo o sistema. Em todos os sistemas existem certas lacunas entre seus vários elementos, e eles precisam cooperar com os outros para alcançar o sucesso geral que foi previamente planejado.
- Fatores de falhas sistemáticas podem afetar drasticamente a intenção de se alterar os objetivos iniciais, bem como gerar uma compreensão insuficiente de todo o sistema, ocasionar erros de planejamento no projeto, desencorajar a motivação pessoal para se manter fiel aos objetivos subordinados, acarretar insuficiência de retorno entre as partes, além de intolerância, falta de responsabilidade etc.
- O sucesso de um sistema requer a implementação de um sistema de gestão de desempenho, que deve ser colocado acima da liderança funcional de cada sistema. Os recursos podem incluir o estabelecimento de metas, desenvolvimento, motivação, comunicação, análise, recompensas e responsabilidade no nível do grupo ou da equipe. O objetivo desse sistema de gestão de desempenho é concentrar-se na combinação de requisitos de sistema, otimizando, dessa forma, o isolamento funcional.
- O fracasso de um sistema pode coexistir com o sucesso da função determinada anteriormente. Os líderes dos sistemas podem ter sucesso por conta própria, mas, em virtude de falhas no planejamento, no desenvolvimento, no gerenciamento ou na compreensão do sistema, não podem ser totalmente integrados ao sistema.
- Todo o sistema só pode ser operado sob a supervisão dos gestores dos diversos subsistemas existentes dentro da empresa. Assim, o grande sistema falhará apenas quando a liderança (ou alguns gerentes seniores) reverberar o grau

de falha do sistema afetado. Portanto, pode ocorrer uma falha sistemática de liderança.

- Na ausência de falha em um sistema, um único supervisor em execução, em um nível inferior do subsistema, pode ter sido irresponsável. Os supervisores podem, corretamente, pensar que o sistema falhou ou, ainda, alegar que o sistema, ao longo de seu processo de integração, não alcançou os objetivos determinados na fase do planejamento. No entanto, a responsabilidade pelo desenvolvimento e pela operação bem-sucedida de todo o sistema, principalmente na etapa de integração, deve recair em alguma pessoa responsável.

Analisando esses requisitos, percebemos claramente que é preciso entender e, se possível, prever de que maneira um sistema deve funcionar e como ele gerará receita sob circunstâncias em que seus condutores estarão sob pressão. Isso fará com que a maioria dos executivos seja derrotada. Logo, com a intenção de evitar esses problemas, alguns executivos, por vezes, procuram *slogans* "vazios" e também tentam desviar a atenção referindo-se a "maçãs podres" (como funcionários desonestos) e tranquilizar os investidores, tornando as qualificações do sistema geralmente ocultas.

Acreditamos que deve existir um tipo de sistema-sombra para qualquer sistema, que deve ser racional e elaborado de maneira formal ou consciente. Um sistema de sombras pode ser visto como a raiz de todos os problemas irracionais, a exemplo de política, confiança, esperança, ambição, ganância, opiniões, lutas pelo poder etc. O sistema pode levar ao caos, ao domínio, à autonomia de liderança e ao fracasso. Mas, como habilidades de liderança apresentam lacunas no sistema, as principais falhas na liderança organizacional (interna ou externa) são chamadas de *sistemáticas*.

1.2 Modelos mentais

No processo de entendimento sobre o pensamento sistêmico, muitos costumam utilizar modelos mentais para um melhor aprofundamento das ideias. Para algumas pessoas, isso é um pouco surpreendente, pois elas compreendem que a utilização de modelos mentais remete a conceitos metafísicos. Discordamos completamente desse pensamento, já que um modelo mental é, na realidade, uma preciosa ferramenta, usada para ajudar a construir, simular e trocar ideias.

São inúmeras as definições que encontramos na literatura acerca do real conceito de *modelo mental*, mas aqui vamos nos basear no entendimento de Liedtka e Ogilvie (2015). Esses autores explicam que um modelo mental é uma abstração ou simplificação de um sistema e afirmam que os modelos podem assumir diversas formas (desde modelos de vulcões apresentados nas feiras de ciências do ensino médio até modelos de corpos celestes complexos simulados usando supercomputadores). Em suma, para os autores, pode-se construir modelos errados, mas, se elaborados de forma adequada, eles podem ser úteis: errados porque são simplificados e úteis porque podemos aprender muito com eles.

Já para Brown (2010), um modelo mental pode ser definido como algo construído e simulado por meio de uma mente consciente. Para o autor, trata-se de compreender a si mesmo e a sua atuação no mundo. Vamos partir desse princípio e considerar como funciona esse processo dos modelos mentais mediante um simples exemplo. Imagine que você está parado no jardim de sua casa olhando para uma árvore. O que está acontecendo nesse exato momento? A lente de seus olhos focaliza os fótons na retina e, na sequência, as células fotorreceptoras da retina respondem enviando impulsos nervosos ao cérebro, o qual processa esses sinais e forma a imagem de uma árvore em sua mente.

Nesse caso, estamos apresentando somente o mecanismo de percepção da árvore que está plantada em seu jardim; não estamos discutindo a compreensão das árvores nem considerando as mudanças que podem ocorrer ao longo do tempo em relação a elas. Estamos lidando apenas com as informações visuais percebidas, e não há nada para explicar sobre o verdadeiro significado da árvore nesta mensagem.

Então, o que faz a imagem em sua cabeça parecer uma árvore real? É aqui que o modelo mental entra em ação e você começa a pensar na árvore. Árvores são, na verdade, conceitos que existem na realidade, pois o conceito de árvore é um modelo, e compreendê-lo requer mais informações do que as que podem ser obtidas apenas por meio da experiência sensorial. Também se baseia em experiências e conhecimentos anteriores.

Sabemos perfeitamente que uma árvore é uma planta e que, conforme a estação, ela cresce e pode mudar de aparência ao longo do tempo. A árvore tem um sistema de raízes e usa suas folhas para realizar a fotossíntese. A madeira vem das árvores. Podemos afirmar esses fatos com plena confiança, pois temos memória e conhecimento de árvores em nosso modelo mental.

De acordo com essa percepção, um modelo mental apresenta conhecimentos que nos ajudam a criar novos conhecimentos. A esse respeito, observe as imagens a seguir e considere as condições internas ao pensar sobre elas.

FIGURA 1.3 – Imagens que sugerem modelos mentais

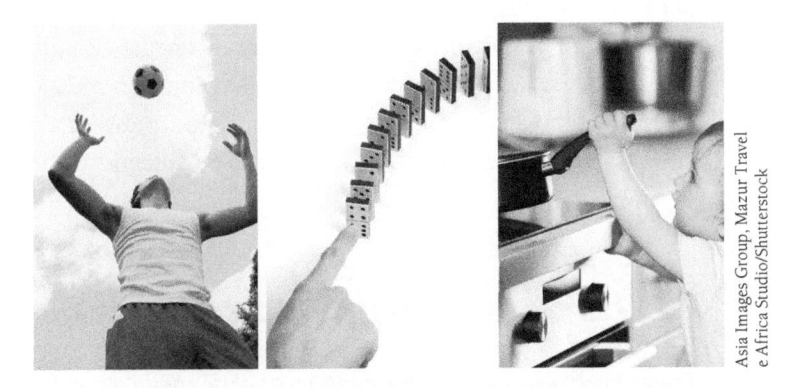

Acreditamos que para cada imagem você esteja pensando no que acontecerá a seguir. Elas não mostram isso, mas sugerem um bom palpite, o qual nada mais é do que um provável resultado das ações futuras que você está imaginando, e um resultado representa um modelo mental que simula o conteúdo indicado. Assim, você pode simular vários resultados diferentes para cada uma das imagens.

Na primeira imagem, a da esquerda, podemos imaginar um pai jogando uma bola para cima, brincando com seu filho pequeno em um campo de futebol. Na imagem do meio, duas pessoas podem estar brincando com dominós na intenção de ver quem vai ganhar a "corrida". Por fim, na terceira imagem, uma mãe pode estar correndo desesperada para tomar o filho nos braços antes que caia em cima dele o que está dentro da panela.

Quando vemos uma pessoa jogando uma bola para cima, peças de dominós prestes a serem empurradas e uma criança mexendo em uma panela no fogão, estamos apenas usando nosso conhecimento interno para simular o modelo mental que está representado em uma imagem. Tudo isso se dá subconscientemente; então, não entendemos realmente o que de fato acontece.

1.2.1 Exemplos de modelos mentais

Talvez você possa ter se perguntado o que um modelo mental tem a ver com a gestão de uma empresa! A resposta é que esses dois fatores têm íntima relação, pois estamos tratando de uma visão de mundo diferenciada para a gestão organizacional.

Atualmente, há muito debate sobre como utilizar os modelos mentais na gestão dos negócios, mas isso é apenas parte de uma imensa equação, pois vários estudos já comprovaram que a mentalidade do líder pode ser responsável pelo sucesso ou pelo fracasso da empresa e que isso está associado diretamente ao modelo mental adotado por ele no dia a dia da organização.

São vários os modelos mentais que podem ser utilizados em uma empresa, mas aqui optamos por apresentar somente 12 deles (Figura 1.4).

FIGURA 1.4 – Principais modelos mentais utilizados atualmente

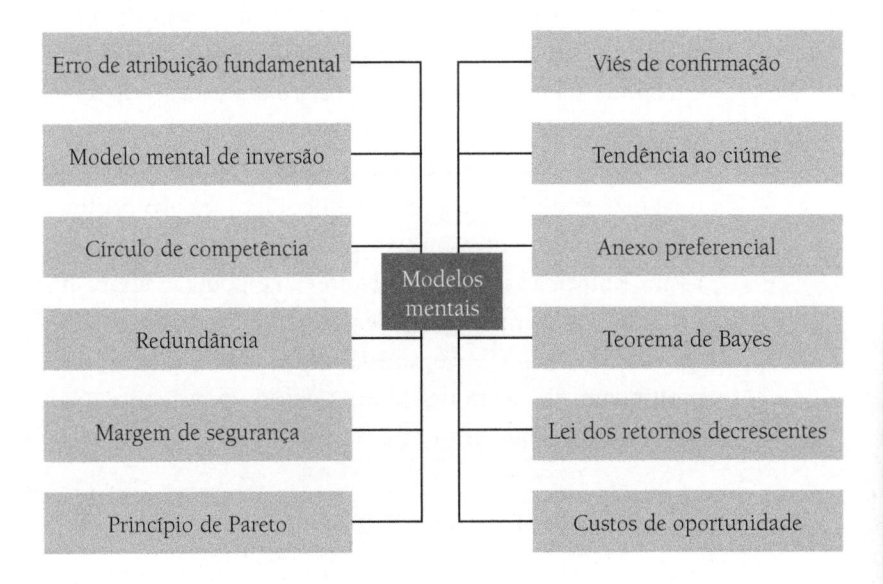

```
Erro de atribuição fundamental ──┐        ┌── Viés de confirmação

Modelo mental de inversão ───────┤        ├── Tendência ao ciúme

Círculo de competência ──────────┤ Modelos├── Anexo preferencial
                                 │ mentais│
Redundância ─────────────────────┤        ├── Teorema de Bayes

Margem de segurança ─────────────┤        ├── Lei dos retornos decrescentes

Princípio de Pareto ─────────────┘        └── Custos de oportunidade
```

Vamos detalhar cada um desses modelos na sequência para que você possa entender em que eles consistem.

1.2.1.1 Viés de confirmação

Esse modelo mental está baseado na tendência de encontrar e interpretar informações que, de certa forma, realcem ou confirmem aquilo que já consideramos previamente certo ou errado. Por exemplo, se você determinar que o número de visitas orgânicas ao *site* de sua empresa durante um período específico (semana, mês, bimestre ou semestre) excederá o número de visitas orgânicas em relação ao período anterior, você poderá se concentrar no número de visitas desse período e fazer as comparações com os períodos de medição anteriores.

Para se proteger dos vieses de confirmação, você terá de aceitar a noção de que suas percepções nem sempre correspondem à realidade. A partir daí, será preciso desafiar-se a encontrar diferentes explicações para o que está acontecendo em suas comparações.

Nesse exemplo, você poderá, como resultado final, até imaginar que existe algum sinal de que o tráfego orgânico desse período poderá ou não cair antes do final do mês e, assim, antecipar-se a alguns fatores que poderão atrapalhar os objetivos da empresa anteriormente estabelecidos. Ser cético fará com que você consiga explorar as diferenças mais profundamente, além de ajudar a definir expectativas mais realistas, antes que seja tarde demais.

1.2.1.2 Tendência ao ciúme

Existem dois tipos de ciúme: um deles é do tipo produtivo, e o outro se refere a um desejo de ser elevado ao nível de outra pessoa ou empresa. Por exemplo, vamos supor que você deseje obter o mesmo sucesso que o diretor de *marketing* da organização em que você trabalha; de acordo com esse modelo mental, esse ciúme pode até motivá-lo. Já o ciúme do tipo improdutivo é comparado a uma espécie de inveja maliciosa ou ao desejo de obter algo valioso dos outros, não para seu desenvolvimento, mas para o preenchimento de uma falta.

Vale a pena lembrar essas motivações, por exemplo, quando você escreve uma cópia de um *site* para visitantes *on-line*. Seus visitantes podem investir pessoalmente em metas específicas porque desejam ter um desempenho melhor ou, ao menos, superior ao de outros na empresa ou porque querem bater o recorde de outras pessoas. Determinar os desejos de seus visitantes ajudará a criar uma cópia da página de destino para atender a objetivos pessoais.

Você também deve estar ciente da tendência ao ciúme no processo de tomada de decisão. Embora as tendências competitivas (complexo de inferioridade e ciúme) possam beneficiar de forma mais rápida, esperar que os outros falhem (ciúme malicioso) só vai gerar distrações. Superar o ciúme lembrando-se de como você é semelhante aos outros pode despertar a empatia em você e evitar uma tentação "mimada". Transforme esses impulsos em oportunidades de crescimento, buscando desenvolver algumas habilidades ou hábitos que possam levá-lo a alcançar resultados.

1.2.1.3 Anexo preferencial

Imagine dois corredores competindo em uma corrida de rua. O primeiro corredor a passar a marca de dez quilômetros receberá água e barras de proteína, e o segundo corredor não receberá nada. Isso descreve certo tipo de apego à prioridade, ou seja, os líderes obtêm mais recursos do que os concorrentes.

Como profissional de uma área específica dentro da empresa, do departamento de *marketing*, por exemplo, você verá esse efeito ao promover clientes em potencial. Pode ser tentador gastar mais tempo com os clientes mais qualificados e que têm maior potencial de comprar. No entanto, nesse processo, você pode ignorar as primeiras pessoas que conhecem a empresa e demorar mais para abrir os *e-mails* delas, o que pode impedi-lo de se apropriar de determinados recursos.

Não importa quantos clientes antigos com potencial de expansão você esteja disposto a entregar à equipe de vendas. É fundamental não estabelecer conexões prioritárias com essas pessoas à custa dos outros clientes, os quais, de certa forma, podem acabar sendo renegados no processo de comunicação criado por você para a empresa.

1.2.1.4 Teorema de Bayes

Esse modelo mental descreve a probabilidade de algo acontecer com base em fatores potencialmente relevantes, os quais englobam resultados anteriores e evidências das condições do momento que podem afetar os novos resultados.

Aplicando esse teorema na área de *marketing*, por exemplo, imagine a seguinte situação: em janeiro, você lançou uma campanha de *e-mail marketing* com uma taxa de abertura de 20%. Em fevereiro, você publicou uma campanha de *e-mail marketing* semelhante, mas a meta foi obter uma taxa de abertura de 25%. No mês de março, essa taxa atingiu 26%. Então, no mês de abril, você excluiu a lista de contatos que não abriram *e-mails* da empresa nos últimos 60 dias e lançou outra campanha por *e-mail*.

De acordo com o teorema de Bayes, dado que sua taxa de abertura tem aumentado constantemente nos últimos quatro meses e você removeu os *e-mails* menos ativos de sua lista de contatos, a meta real de taxa de abertura pode ser 30%.

1.2.1.5 Lei dos retornos decrescentes

O modelo mental calcado na lei dos retornos decrescentes pode ser aplicado de várias maneiras nas empresas, pois está baseado na ideia de se concentrar nas atividades mais valiosas que são realizadas.

Suponha que você passe uma semana pesquisando o papel de um comprador em determinadas áreas de atuação e, em seguida, decida criar um *blog* dedicado exclusivamente aos compradores em sua área de atuação. Para seu negócio, isso é tão importante quanto o papel detalhado do comprador; então, saiba quando isso será efetivamente realizado, pois levar uma semana para avaliar o comprador ideal pode não dobrar seus resultados. Quanto mais triviais forem os detalhes, menos eles realmente beneficiarão a empresa. Logo, use esse tempo para pesquisar compradores de outras áreas e tente construir vários segmentos de público.

Para garantir que você gastará seu tempo em coisas que proporcionam o maior retorno, procure ter o conhecimento necessário para o sucesso. Além disso, sempre tente lembrar que detalhes obscuros reduzem a receita e, quanto mais cedo você perceber, mais cedo poderá iniciar o projeto mais valioso para expandir os negócios da organização.

1.2.1.6 Custos de oportunidade

Esse modelo mental parte do princípio de que cada opção tem um custo diferente. Se você decidir responder a seus *e-mails* logo após o almoço, não poderá usar esse tempo para realizar outra atividade.

Sempre que você decidir o que fazer, tenha em mente as respostas para dois questionamentos importantíssimos: Quais são as minhas opções atuais? Se algo der errado, estou disposto a desistir? A resposta a ambas as perguntas apontará claramente quais serão seus custos de oportunidade.

1.2.1.7 Erro de atribuição fundamental

De acordo com esse modelo mental, é mais provável acreditarmos que alguém se comporta de determinada maneira por conta de seu caráter do que em virtude da situação apresentada. Em outras palavras, se uma pessoa não comparecer a uma reunião, você poderá pensar que ela é um tanto quanto vulnerável, em vez de imaginar que ela deve estar presa no trânsito, por exemplo.

Desafie-se e deixe as pessoas fazerem perguntas. O comportamento geralmente é contextual, então, se você simplesmente não atribuir comportamentos e opiniões aos outros, suas previsões serão mais precisas.

1.2.1.8 Modelo mental de inversão

A perspectiva de reversão é um dos modelos mentais mais poderosos. Não pense no resultado desejado, mas no resultado a evitar. Por exemplo, suponha que você queira ser promovido. Logo, não se pergunte "Quais são as cinco principais coisas que posso fazer para ser promovido?", e sim "Quais são as cinco principais coisas que impedem minha promoção?".

Portanto, você não fará nada, pois evitar a estupidez é mais fácil do que procurar o brilho.

1.2.1.9 Círculo de competência

Esse modelo mental é muito utilizado por Warren Buffett, um dos maiores investidores da atualidade. Certa vez, Buffett disse aos acionistas de uma empresa que eles não precisavam ser especialistas em todas as organizações. Eles só precisavam ser capazes de avaliar as empresas que efetivamente poderiam analisar.

O tamanho do círculo não é muito importante, pois é mais interessante compreender as próprias limitações. Portanto, em seu campo de especialização, ao lidar com as competências dos outros, não tenha medo de dizer "não sei".

1.2.1.10 Redundância

Esse modelo mental descreve as etapas colocadas em prática por um bom executivo para implantar o que ele se propõe a fazer, sempre visando evitar falhas. Isso reduz muito as chances de falha completa.

Com esse modelo mental, suas habilidades de análise e tomada de decisão serão aprimoradas exponencialmente.

1.2.1.11 Margem de segurança

O modelo mental da margem de segurança parte do pressuposto de que uma ideia sempre deve deixar espaço para erros ou falhas. Por exemplo, em uma ponte projetada para suportar até 15 toneladas, deve-se limitar o peso sobre ela a 14 toneladas. Se a ponte não for tão forte, será um grande desastre, e o risco não vale a pena.

Pense nesse modelo como uma rede de segurança. Às vezes, é melhor ser agradavelmente surpreendido do que ter a prova de que você está certo.

1.2.1.12 Princípio de Pareto

O modelo mental pautado no princípio de Pareto (também conhecido como *regra 80/20*) determina que a maioria dos resultados não é distribuída uniformemente. De modo mais simples, isso pode significar uma composição assim:

- 20% do trabalho gera 80% de retorno;
- 20% do tráfego gera 80% de clientes potenciais;
- 20% dos recursos são responsáveis por 80% do uso;
- 20% do tempo gera 80% dos resultados.

Se você puder se concentrar nos principais clientes, nas atividades de vendas mais eficazes etc., você terá mais sucesso.

1.2.2 Como atuar com modelos mentais

É de suma importância compreender o conceito de modelo mental, pois isso poderá ajudá-lo a entender os problemas de usabilidade na empresa ou em determinados projetos. Quando pessoas cometem erros no dia a dia em suas atividades, geralmente tais erros se devem a atitudes erradas. Se você for capaz de entender qual é o modelo mental dessas pessoas, certamente descobrirá os erros praticados e poderá influenciá-las positivamente.

Entretanto, se você identificar uma incompatibilidade do modelo mental praticado, você basicamente terá duas opções diferentes para resolver isso:

1. Elabore o sistema conforme o modelo mental da pessoa, procurando assumir que a maioria dos modelos são semelhantes. Geralmente, recomendamos usar esse método para solucionar problemas: se as pessoas estiverem procurando algo no lugar errado, mova-o para onde elas estão procurando.
2. Aprimore o modelo de pensamento da pessoa para refletir seu sistema com mais precisão. Por exemplo, você pode fazer isso para tornar mais limpas as atividades a serem executadas, com melhores descrições.

O modelo mental é fundamental no desenvolvimento de manuais, documentos, tutoriais, apresentações e outras formas de suporte dentro de uma empresa. De acordo com Thiel (2014), vários modelos mentais são utilizados pelas principais empresas localizadas no Vale do Silício, nos Estados Unidos. Essas organizações recorrem a tais modelos para ensinar aos funcionários o que eles precisam saber para compreender os conceitos-chave de suas atividades corriqueiras, além de auxiliar na identificação das principais informações que devem ser agregadas às atividades desempenhadas. Por vezes, é uma boa ideia elaborar pequenos quadrinhos. A pesquisa de Thiel (2014) mostrou que, quando os conceitos são expressos visual e verbalmente, os modelos mentais são aprimorados.

1.3 Visão compartilhada

Como uma empresa consegue compartilhar sua visão? E o que efetivamente torna a visão de uma empresa eficaz? Na prática, muitas organizações tentam, todos os dias, criar uma visão que as leve a um futuro promissor, mas elas cometem o erro de elaborar uma visão que não é capaz de afetar a empresa de forma geral. Isso ocorre porque a visão é criada por várias pessoas, e é quase impossível exprimir uma visão comum a toda a organização.

Peter Senge (2010) descreve uma visão comum como aquela que representa o poder do coração, o poder que impressiona, o poder que tem um grande significado para a empresa. Em um sentido mais simples, uma visão compartilhada é a resposta do autor para um simples questionamento: O que vamos criar? Dessa forma, a visão compartilhada, ou visão comum, passa a ser a imagem interna de todos na empresa.

Assim, uma visão compartilhada significa que a "sua" empresa passa a ser a "nossa" empresa, pois essa partilha cria uma espécie de senso de comunidade e acaba fornecendo continuidade para as várias atividades da empresa. De certo modo, conforme Senge (2010), tal postura desperta o entusiasmo das pessoas e faz uma real diferença, pois permite que todos passem a trabalhar juntos. Nesse sentido, essa visão cria uma identidade comum e um senso de propósito, uma vez que incentiva novas formas de pensar e de agir, dá coragem à proposição de novas ações dentro da empresa. Em resumo, para o autor, se não houver uma visão compartilhada, a visão criada será inútil e sem sentido – isto é, sem ela, não pode haver uma organização que aprende constantemente.

E eis que surge mais um questionamento interessante: O que é uma organização que aprende? Para Morgan (1996), é uma empresa que aprende e melhora continuamente, que o faz mais rápido que seus concorrentes e usa o conhecimento de toda a organização, e não apenas o conhecimento do topo.

Chiavenato (2014) complementa essa ideia afirmando que uma organização deve aprender com seus erros e, com isso, criar um novo paradigma. Isso porque as pessoas não aprenderão, mas passarão a responsabilidade para outras, tentarão ocultar ou ignorar os próprios defeitos e, no final, toda a empresa sofrerá enormes prejuízos. Logo, em uma organização que aprende, o fracasso é visto como uma oportunidade de aprendizagem que pode mudar a maneira como os colaboradores fazem as coisas no dia a dia.

Com uma visão compartilhada, todos passam a ter um destino comum e, como consequência direta, uma imagem comum. Dessa maneira, todos devem trabalhar de forma integrada, como uma equipe, apoiando e encorajando uns aos outros constantemente. Não há competição entre as pessoas, logo, não há necessidade de culpar o outro ou encobrir suas deficiências.

Para criar esse ambiente colaborativo, é necessário:

- ter um líder de equipe firme, alguém que se mantenha aberto a opiniões de terceiros e que incentive nos outros esse mesmo comportamento, alguém que se livre da política do escritório e ouça as opiniões da equipe;

- contar com um moderador que possa ajudar a aprender essa nova maneira de fazer as coisas, tendo sempre em vista que a mudança requer tempo e prática;
- estar disposto a fazer mudanças, investigar o que não funciona e aceitar novos paradigmas, se necessário;
- estruturar um processo de gestão de equipe.

Você pode até pensar que, embora essas diretivas sejam importantes, nunca vão de fato acontecer. Mas a realidade é que, sim, elas acontecem e a empresa tem de estar preparada para isso.

1.3.1 A visão compartilhada nas pequenas empresas

Muitos empreendedores se questionam por que sua pequena empresa precisa esclarecer sua visão, sua missão, seus valores, seus princípios e seus objetivos. Ainda, eles se perguntam por que gastar tanto tempo em um processo difícil e demorado. Porém, responder a esses questionamentos sobre o que uma empresa é e o que ela deveria ser é de extrema importância.

O esforço realmente é válido, mas somente se os gestores principais estiverem verdadeiramente dispostos a fazer isso e a tirar todo o planejamento do papel, já que a promessa de uma visão compartilhada se aplica às operações do dia a dia e às decisões estratégicas.

Ao formularem e aplicarem uma visão compartilhada, as pequenas empresas podem obter uma clara vantagem sobre seus concorrentes. Para Valença (2017), isso acontece porque elas têm menos funcionários e, por isso, é muito mais fácil coletar as informações de que precisam. As pequenas podem ainda usar sua visão compartilhada de forma mais eficaz do que as grandes, porque, por serem menores, são mais simples.

Uma vantagem das pequenas empresas está, assim, relacionada à visão compartilhada, pois sua vantagem competitiva pode ser diferente da dos concorrentes. Podemos ir mais longe e afirmar que elas pretendem quebrar o *status quo*. No entanto, se não houver uma visão compartilhada, a situação permanecerá a mesma.

Para as empresas pequenas, é mais arriscado fazer coisas diferentes, por isso elas tendem a adotar uma postura defensiva, com foco em manter a situação. Em muitos casos, isso significa uma ênfase exagerada na manutenção dos níveis de vendas, na participação no mercado e na renovação de contratos. Todos esses são objetivos valiosos, mas, na ausência de uma visão compartilhada, geralmente não são suficientes para garantir a lucratividade e a vitalidade contínuas das pequenas empresas.

Peter Block, em seu livro *Consultoria infalível*, de 2012, fornece algumas lições importantes nesse processo de determinar a visão compartilhada, principalmente em pequenas empresas. O autor enfatiza que, ao lidarem com aspectos operacionais e até mesmo estratégicos, as organizações costumam confiar em determinadas questões, indicadas na Figura 1.5, a seguir.

FIGURA 1.5 – Questões a considerar no processo de visão compartilhada

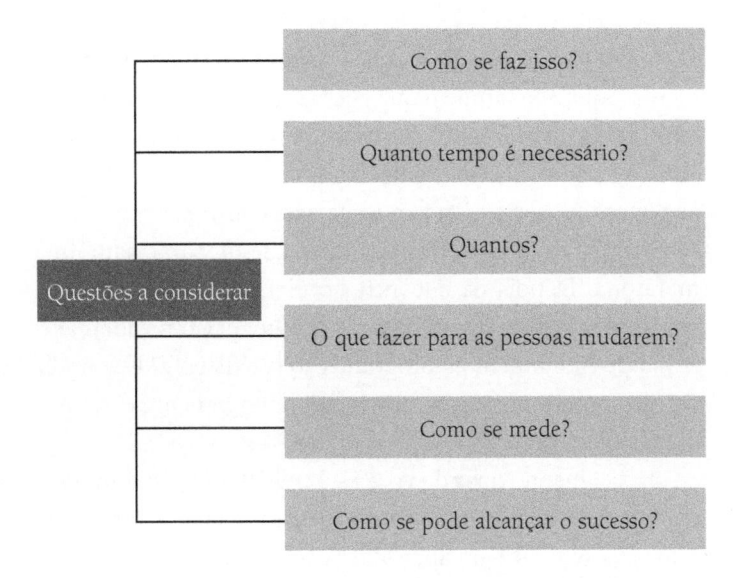

```
                          ┌─────────────────────────────────┐
                      ────┤ Como se faz isso?               │
                          └─────────────────────────────────┘
                          ┌─────────────────────────────────┐
                      ────┤ Quanto tempo é necessário?      │
                          └─────────────────────────────────┘
                          ┌─────────────────────────────────┐
                      ────┤ Quantos?                        │
┌──────────────────┐      └─────────────────────────────────┘
│ Questões a       ├──
│ considerar       │     ┌─────────────────────────────────┐
└──────────────────┘  ───┤ O que fazer para as pessoas mudarem? │
                          └─────────────────────────────────┘
                          ┌─────────────────────────────────┐
                      ────┤ Como se mede?                   │
                          └─────────────────────────────────┘
                          ┌─────────────────────────────────┐
                      ────┤ Como se pode alcançar o sucesso? │
                          └─────────────────────────────────┘
```

FONTE: Elaborada com base em Block, 2012.

Ter uma visão compartilhada é essencial para responder a cada uma dessas perguntas, visto que, conforme comentamos, essa visão ajuda as empresas a determinar seus princípios e valores, que são quesitos de sobrevivência. A questão é que as políticas devem ser claras e compreensíveis, além de refletirem o que a administração e os funcionários realmente desejam que a organização implemente.

1.3.2 Etapas para se criar uma visão compartilhada

Tente imaginar que você correrá uma maratona daqui a seis meses. Suponha também que você tenha alguma experiência em corrida, mas deseja subir para um nível mais alto, pois até então você nunca correu uma maratona. Como você definirá as metas que correspondem à sua expectativa?

Primeiro, você precisa aprender a se preparar para uma maratona. Depois de encontrar o plano de treinamento, a próxima pergunta que você pode se fazer é: Como adaptar o plano de treinamento à programação já existente? Ou ainda: De que terei de abrir mão para obter o treinamento certo nos próximos meses?

Basicamente, quando você está trabalhando em um novo projeto, você se preocupa com três coisas: como garantir que seus objetivos estejam alinhados; como se motivar em certos momentos difíceis; e a quem recorrer quando precisar de ajuda. Ao trabalhar com companheiros de equipe e colegas, procure alinhar todos com sua "visão", pois o elemento-chave é a capacidade de apresentar uma visão e, então, fazer com que os outros a sigam. De acordo com Ackoff (1982), a isso chamamos de *alinhamento*, que significa colocar todos "na mesma página", movendo-se na mesma direção.

Até aqui, foi possível perceber que ter uma visão clara pode orientar e motivar uma equipe e, com essa motivação, definir as bases para o estabelecimento de metas e atividades de planejamento. No entanto, se o líder criar uma visão para si mesmo, ele geralmente trabalhará para persuadir, inspirar e influenciar os outros para que todos possam adaptar-se. Se sua meta deve ser motivar a equipe, receber promessas e fornecer orientação, então ele precisa considerar o envolvimento de outras pessoas no processo criativo. Assim, a visão se torna "nossa visão" ou "visão da equipe".

Os benefícios de envolver outras pessoas na criação da visão são compromissos maiores, promessas e várias ideias. A desvantagem é que tal processo demora muito para iniciar e pode até mesmo gerar certa confusão. Mas algumas etapas podem ser seguidas para adaptar os colegas à sua visão, conforme apresentamos na Figura 1.6.

FIGURA 1.6 – Etapas de adaptação para a implantação da visão compartilhada

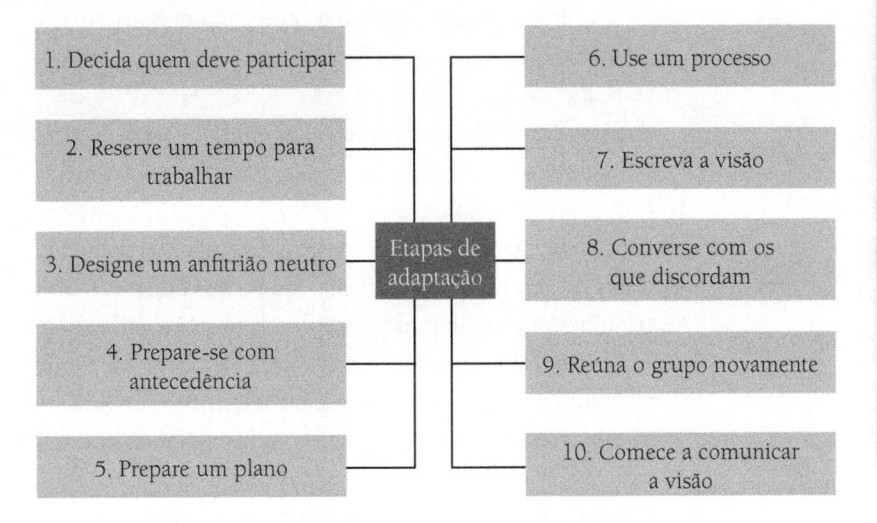

```
1. Decida quem deve participar         6. Use um processo

2. Reserve um tempo para
   trabalhar                           7. Escreva a visão

3. Designe um anfitrião neutro   Etapas de    8. Converse com os
                                 adaptação       que discordam

4. Prepare-se com
   antecedência                        9. Reúna o grupo novamente

5. Prepare um plano                    10. Comece a comunicar
                                           a visão
```

Analisando um pouco mais a fundo essas etapas, temos a seguinte interpretação, que é de extrema importância para criar uma visão compartilhada:

1. **Decida quem deve participar**: em muitos casos, podem ser apenas seus funcionários; em outros, os membros da equipe do projeto e outras partes interessadas importantes podem adicionar ideias valiosas e contribuir para a visão.

2. **Reserve um tempo para trabalhar**: para projetos maiores e mais complexos, reserve pelo menos meio dia ou um dia inteiro. Normalmente, o espaço ao ar livre é a melhor escolha, porque você deseja minimizar as distrações e manter as pessoas longe do ambiente diário, a fim de estimular a criatividade.
3. **Designe um anfitrião neutro**: isso vai distraí-lo e torná-lo um participante.
4. **Prepare-se com antecedência**: agende compromissos com antecedência para uma preparação adequada. Envie antecipadamente documentos para análise. Esperar pela preparação diz respeito à obrigação de participar e acompanhar, para garantir que as pessoas concluam seu trabalho inicial.
5. **Prepare um plano**: no início da reunião, analise os resultados, procedimentos, processos e motivos necessários. Isso levará o resto do dia.
6. **Use um processo**: você deseja garantir participação, abertura, criatividade e eficácia de todos. Logo, um anfitrião bem treinado pode ajudá-lo ou planejar para você.
7. **Escreva a visão**: não perca o tempo de sua equipe para criar uma visão e um plano para o seu fim. Os líderes podem realizar essa operação ou pedir a alguns voluntários que a realizem.
8. **Converse com os que discordam**: se alguém discordar do resultado ou ficar frustrado pelo fato de você não ter aceitado determinada ideia, converse em particular para ver se essa pessoa está comprometida com a visão. Aprenda como conectar sua visão com seus interesses e suas necessidades.
9. **Reúna o grupo novamente**: depois que a visão for formada, organize uma breve reunião imediatamente. Peça sugestões e faça alterações.

10. **Comece a comunicar a visão**: comece a tornar sua visão uma realidade. Essa é a próxima etapa, e talvez seja preciso se reunir novamente com os colaboradores. Trabalhe com alguns dos funcionários mais criativos para tornar sua visão uma realidade na forma de imagens, metáforas e histórias.

Quando o líder adota uma abordagem colaborativa, os membros da equipe e os colegas se tornam mais engajados. Por isso, estabelecer uma visão compartilhada pode inspirar propriedade, compromisso e consistência.

1.3.3 Importância da visão compartilhada

Já comentamos várias vezes sobre o livro *A quinta disciplina: arte e prática da organização que aprende*, de Peter Senge, considerado como o favorito de muitos líderes de sucesso. Quer você tenha lido esse livro ou não, você certamente já deve ter se deparado com vários tópicos dele. Se você deseja fortalecer a equipe, estabelecer uma cultura empresarial positiva e aumentar a motivação dos funcionários para atingir os objetivos da empresa, a obra de Senge é uma leitura mais do que recomendada.

Embora a visão da empresa não seja um tópico novo para a maioria das pessoas, o conceito de visão compartilhada de Senge enfatiza vários elementos básicos que tornam esse tipo específico de visão tão eficaz. Queremos destacar aqui quatro desses elementos abordados por Senge (2010), os quais acreditamos relacionar-se diretamente com a visão compartilhada (Figura 1.7).

FIGURA 1.7 – Elementos que se relacionam com a visão compartilhada

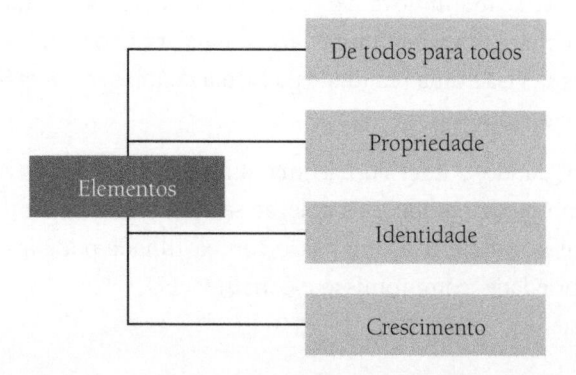

```
                  ┌── De todos para todos
                  │
                  ├── Propriedade
      Elementos ──┤
                  ├── Identidade
                  │
                  └── Crescimento
```

FONTE: Elaborada com base em Senge, 2010.

Interpretando esses elementos, temos as seguintes considerações relevantes acerca da visão compartilhada:

1. **De todos para todos**: esse é o conceito-chave de uma visão compartilhada. Muitas organizações podem reunir seus líderes para determinar aonde querem ir e aplicar as resoluções à empresa. Se você, na condição de gestor, realmente deseja usar o poder da visão da empresa, ele não deve vir apenas de líderes isolados, e sim ser criado por todos os membros da organização e refletir seus interesses e objetivos. Quando todos seguem uma visão para criar uma nova visão, ela é compartilhada, pois todos estão "na mesma página", movendo-se em uma única direção, isto é, em direção a um objetivo unificado.
2. **Propriedade**: a maior vantagem de uma visão compartilhada é que ela pode criar um senso de propriedade para todos os funcionários da empresa. Esteja você apenas começando ou ocupando um cargo de alta administração, você não está trabalhando apenas em "uma" empresa, mas

na "sua" ou na "nossa" empresa. Esse pronome pode ter um impacto significativo no envolvimento, na motivação e no investimento dos funcionários. Eles não lidam com as tarefas e projetos pessoais do gerente ou chefe, mas trabalham de acordo com uma visão em que eles próprios estão envolvidos. O trabalho, assim, torna-se mais personalizado e, portanto, mais significativo.

3. **Identidade**: uma forte visão compartilhada também criará um senso de identidade que permeia a empresa. Gerenciar uma cultura de trabalho que permite o desenvolvimento dos colaboradores é essencial nesse processo, pois confere às pessoas um senso de comunidade e um alto grau de trabalho em equipe. Tais padrões elevados geralmente promovem um sentimento de orgulho e fazem com que todos se comprometam em defendê-los. Essa identidade, além disso, passa a representar a percepção externa da empresa, atraindo os melhores talentos, que passam a desejar fazer parte dessa visão.

4. **Crescimento**: a visão compartilhada não será criada e esquecida, pois a empresa se esforçará para alcançá-la. Estas são as fontes de busca contínua de motivação para todos os integrantes da organização: promover o pensamento inovador, assumir riscos com sabedoria, aceitar novas ideias e continuar a se desenvolver. Esses recursos podem impulsionar a empresa, pois, mesmo que o mundo mude, ela poderá permanecer em crescimento.

Os conceitos expostos podem ser estendidos a quase todos os líderes. Independentemente de você estar gerenciando uma equipe de oito pessoas ou uma empresa de 800 colaboradores, uma visão comum pode criar uma equipe unida para atingir objetivos comuns. A noção de visão compartilhada dá suporte aos funcionários que valorizam o trabalho, têm objetivos comuns e se orgulham de fazer parte da equipe. Por isso, é importante apoiar os colaboradores que estão comprometidos em alcançar essa visão.

Para construírem uma equipe ou empresa forte, os líderes devem usar a unidade de todas as pessoas por trás de uma visão comum e compartilhada.

1.4 Aprendizado em equipe

Em um ambiente de negócios em rápido desenvolvimento, mesmo as pequenas empresas estão sob pressão para inovar rapidamente e criar novas soluções que agreguem valor, tanto para elas quanto para o mercado de forma geral. Caso uma organização demore muito tempo para entregar um produto ao cliente, ela poderá ser substituída por uma concorrente que se desenvolva de maneira mais rápida, independentemente de ser uma empresa grande ou pequena. Nessa perspectiva de crescimento, uma forma poderosa de as organizações competirem é estabelecer uma cultura de aprendizagem baseada em equipe, em um arranjo em que todos os envolvidos possam aprender e operar com eficácia.

A aprendizagem em equipe é uma forma de aprendizagem em grupo. Os integrantes do time compartilham seus conhecimentos e complementam as habilidades dos outros, transmitindo a eles o que aprenderam ou já sabem (Sobral; Peci, 2013). Assim, a equipe continua a ter conversas e discussões para que possam ajudar outras pessoas a alcançar seus objetivos comuns.

Comparado com o aprendizado independente, o aprendizado em equipe tem muitas vantagens, além de ser uma forma mais eficaz de produzir soluções alinhadas com a visão compartilhada da empresa. Como o desenvolvimento de produtos – e até mesmo certas prestações de serviço – é realizado por toda a equipe, um fluxo de trabalho colaborativo é muito importante para o desenvolvimento de habilidades pessoais e úteis em toda a organização. Em um ambiente ágil, cada membro da equipe aprende, trabalha, interage e colabora, e isso é essencial para o sucesso.

Para Pidd (1998), são várias as vantagens do aprendizado em equipe, a saber:

- melhorar as habilidades de ensino;
- aprender a criar juntos;
- trabalhar o mais próximo possível dos outros e melhor;
- lidar com funções complexas;
- causar discussões corretas;
- tomar decisões melhores;
- lutar contra a cultura interna;
- evitar a ignorância dos membros;
- construir confiança na equipe;
- competir com os membros.

Essas vantagens servem diretamente para apoiar uma cultura de aprendizagem em equipe nas empresas.

1.4.1 Benefícios do aprendizado em equipe

À medida que cada um de nós assume mais responsabilidades, parece que vamos perdendo a necessidade de aprender. Aprendemos por meio da ação e do *feedback*, mas de quanto tempo precisamos para transformar falhas ou erros em lições significativas? Com que frequência combinamos ideias ou opiniões aparentemente não relacionadas para desafiar nossa zona de conforto? Como podemos melhorar nosso trabalho?

Esses questionamentos que surgem no processo de aprendizado podem se transformar em benefícios.

Todas as organizações, pequenas ou grandes, podem aprender juntas. Quem não quer aprender e melhorar está sempre estagnado. Produtos ou serviços não são as únicas coisas que precisam ser repetidas continuamente; pensamentos, atitudes, visões de mundo e processos particulares devem incorporar novas perspectivas e, da mesma forma, temos de estar abertos a mudanças. Quando uma equipe se reúne para trocar experiências abertamente e o objetivo final é aprender juntos e melhorar uns aos outros, todos se beneficiam disso.

Quando se trata de aprender, não existe "certo" ou "errado", como afirmam Takeuchi e Nonaka (2008), pois isso nada mais é do que uma questão de compreensão. Aprender em equipe significa colocar os óculos de outras pessoas e ver o mundo com essas lentes, e o que deduzimos é exatamente o que devemos compartilhar.

1.4.2 Técnicas para melhorar o aprendizado em equipe

O conteúdo do curso ou do treinamento que será colocado à disposição da equipe pode ser muito útil, mas, se um funcionário não participar, ele não se beneficiará. Logo, para aproveitar ao máximo os investimentos em treinamento, os gestores devem utilizar determinados métodos que sejam interessantes e propiciem uma certa interatividade, a fim de que todos percebam sua importância.

Para Choo (2003), várias técnicas podem ajudar a equipe a aprender melhor. Destacamos, na Figura 1.8, quatro delas, as quais entendemos serem as mais assertivas.

FIGURA 1.8 – Técnicas para ajudar o treinamento de equipes

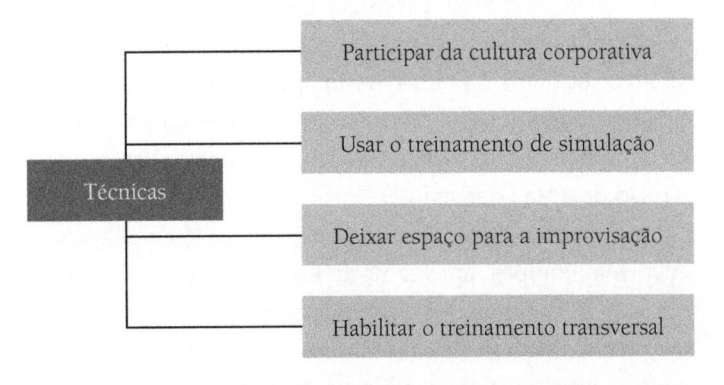

Técnicas
- Participar da cultura corporativa
- Usar o treinamento de simulação
- Deixar espaço para a improvisação
- Habilitar o treinamento transversal

FONTE: Elaborada com base em Choo, 2003.

Cada empresa tem uma cultura específica entre funcionários, serviço e liderança, mas uma capacitação que não leva em consideração a **cultura organizacional** pode ser tediosa e inexplicável para todos. O ideal é que os líderes de aprendizagem (como são chamados os gestores ou funcionários responsáveis por implantar a cultura organizacional nos processos de aprendizagem da empresa) interajam com todos e, ainda, busquem compreender todo o processo e passem a adotar a cultura da empresa em todos os treinamentos ou capacitações que serão realizados.

Entendemos que compreender as vantagens culturais da empresa e, em seguida, usá-las efetivamente para fomentar a energia e o crescimento emocional dos funcionários fornecerá um ímpeto incrível para acelerar a transformação das capacitações. Os líderes de aprendizagem podem inspirar um sentimento de orgulho e compromisso entre os colaboradores, encontrando algumas formas de conectá-los a elementos que vão além das políticas da empresa.

Usar a cultura como ferramenta é uma habilidade de liderança sutil, mas poderosa, que permite às pessoas se comunicarem. Nesse sentido, combinar cultura com treinamento pode aumentar a consciência dos funcionários.

As informações transmitidas não serão importantes se não forem colocadas em prática. Assim, por meio do **treinamento de simulação**, é possível ensinar, testar e melhorar os hábitos da equipe para tomar decisões rapidamente sob pressão sem o risco de uma crise real.

As soluções de treinamento de simulação personalizadas envolvem equipes, em vez de apresentações padrão, porque obrigam os funcionários a aprender e aplicar informações em tempo real. Mediante várias sessões de treinamento com base na formação de equipes, a simulação pode fornecer experiência e testar a rapidez com que os integrantes podem trabalhar conforme o planejado.

Embora os exercícios de treinamento ou apresentação sejam importantes para um desempenho eficaz, permitir que se estabeleça um **espaço para a improvisação** em uma apresentação pode ser uma ótima ferramenta para envolver uma equipe diversificada. Para isso, porém, é preciso começar de forma leve, buscando-se discutir algumas ideias iniciais que possam ser experimentadas por todos.

Uma das sugestões que podem ser aplicadas nessa metodologia é a utilização das mesmas técnicas usadas por comediantes improvisadores, por meio das quais os líderes de aprendizagem podem pensar melhor sobre si mesmos, estar mais abertos a novos conceitos e desenvolver soluções econômicas e prontas para o uso. Esse método requer envolvimento dos colaboradores, foco na participação de todos e reflexão sobre diferentes pontos de vista.

É importante que os membros da equipe entendam suas funções. Portanto, deve-se aproveitar o tempo para treinar os integrantes a fim de que cada um deles possa ensinar ou explicar seu papel e impacto sobre os outros funcionários. Isso não apenas melhorará a comunicação entre a equipe, como também promoverá um melhor entendimento que ajudará a simplificar as tarefas em todo o treinamento. Em vez de sobrecarregar o líder de aprendizagem com perguntas, os membros da equipe podem comunicar melhor os problemas diretamente uns aos outros.

Isso nada mais é do que um **treinamento transversal**, ou ensino cruzado, e pode, certamente, melhorar a interação entre os integrantes dos times de várias maneiras. Eles não só terão a oportunidade de conhecer outras posições, mas também participarão do treinamento como palestrantes.

Pense em uma palestra, um curso ou um treinamento memorável de que você já tenha participado. Eles são atrativos porque têm algo em comum: entretenimento, tolerância, prática ou improvisação etc. Por isso, leve essas características a sério e torne-as parte de seu inesquecível treinamento em gestão.

1.4.3 Liderando uma equipe de aprendizagem

Quando as metas são muito ambiciosas, os obstáculos e o ambiente são tão difíceis ou competitivos que as contribuições emocionais, intelectuais e voluntárias de todas as pessoas envolvidas são necessárias. Nessas situações específicas, precisamos do capital intelectual de todos os que investem em aprendizagem na empresa.

Tradicionalmente, a divisão do trabalho é entre gerentes e trabalhadores. Pensar, planejar, organizar, controlar etc. são funções do gerente. Pague aos trabalhadores para "fazer" em vez de "pensar". O topo da organização é formado por líderes que querem pensar sobre seu trabalho, mas, em uma equipe de aprendizagem, isso é completamente diferente.

Uma equipe de aprendizagem é dedicada à melhoria contínua alinhada com a técnica específica utilizada. Por sua vez, a melhoria contínua requer um compromisso com a aprendizagem. Esse fato se dá de acordo com o próprio entendimento do que é uma organização que aprende: uma entidade que pode criar, adquirir e transferir conhecimento com habilidade, refletindo novos conhecimentos e novas percepções (Senge, 2010).

As organizações que aprendem são qualificadas para se envolverem em algumas atividades específicas, como resolver problemas sistematicamente, tentar novos métodos, aprender com a própria experiência e aprender com os outros. O conhecimento adquirido com as práticas recomendadas pode ser transferido de forma rápida e eficaz por toda a organização.

Nessa perspectiva, devemos considerar o tipo de aprendizagem que a empresa utilizará, tendo em vista que, basicamente, existem dois deles: aprendizagem ativa e aprendizagem passiva. O primeiro tipo diz respeito à circunstância em que aprendemos novas informações e habilidades que antes não estavam disponíveis; o segundo se refere ao processo de aprendizagem que vivenciamos.

Adquirir novos conhecimentos e novas habilidades é a base, mas não o suficiente para estabelecer uma equipe de aprendizagem. Esta aprende tornando-se cada vez mais capaz de concluir tarefas, em vez de servir apenas para armazenar informações, visto que o aprendizado conceitual, por si só, não é suficiente. Aprendemos somente quando fazemos coisas e agimos de acordo com o que aprendemos. O ciclo é conhecer, fazer, aprender e mudar. Por exemplo, saber mais sobre os princípios da natação é completamente diferente de aprender a nadar.

Todo aprendizado começa com suposições sobre o que é certo, e elas funcionarão com mais eficácia em determinada situação. Portanto, fazemos o que achamos viável. Em seguida, medimos o resultado da ação e o comparamos com o que pensamos que vai acontecer. Nesse momento, aprendemos coisas que não sabíamos antes. Portanto, podemos fazer revisões com base na realidade encontrada e, assim, criamos um novo sistema de conhecimento. Quanto mais rápido repetirmos esse ciclo, mais rápido poderemos aprender e melhorar a eficiência da organização.

Uma organização não aprenderá a menos que aja de uma forma considerada eficaz. Alcançamos resultados porque estamos fazendo o que queremos. Se quisermos resultados diferentes, precisaremos fazer coisas também diversas (atletas, músicos e empresas de sucesso praticam constantemente esse ciclo). A menos que sejamos comprometidos com a melhoria contínua, não haverá necessidade de entender a organização. Poderemos simplesmente continuar a fazer o que fazemos. Logo, é fundamental que todos dominem esse ciclo de aprendizagem.

Para aprender rapidamente, precisamos preencher a lacuna entre desempenho e retorno e, para tal, uma boa comunicação é essencial. Nesse sentido, alguns questionamentos podem ajudar a entender essa questão, tais como: Você tem informações atualizadas o suficiente sobre o que a equipe está fazendo para que possa avaliar tendências e iniciar mudanças? Seu sistema está permitindo que você obtenha *feedback* real e mensurável sobre o desempenho ou a saúde emocional dos colaboradores?

Sem um *feedback* rápido e claro, os funcionários serão excluídos do ciclo de aprendizagem porque não saberão como medir e aprender a trabalhar. Eles não sabem o que é um bom desempenho, o quão bons são os resultados e, geralmente, não veem a correlação entre os dois. Você tem um sistema adequado, como um relatório semanal ou uma reunião semanal da equipe, com base no qual pode obter informações relevantes?

Conforme exposto por Tate (2009), o aprendizado em equipe depende de habilidades, humildade e confiança. A humildade é necessária porque ninguém pensaria que uma pessoa pode realizar uma tarefa complexa. Para serem levados a sério, os membros da equipe devem ser competentes em suas próprias contribuições e valorizar as dos outros. A confiança mútua é necessária para que os indivíduos assumam total responsabilidade por tudo o que será feito. Uma equipe que não consegue aprender está fadada ao fracasso.

Assim, precisamos aprender a aprender como equipe, de modo que possamos nos tornar cada vez mais inteligentes juntos. Nessa perspectiva, o time deve saber como usar o potencial de muitas pessoas para ser mais inteligente do que um colaborador isoladamente.

A esse respeito, Senge (2010) enfatiza o papel do diálogo no aprendizado da equipe e na melhoria contínua. Na aprendizagem em equipe, a discussão é necessária para o diálogo. Na discussão, diferentes pontos de vista são apresentados e defendidos, o que pode fornecer uma análise útil de toda a situação. Já no diálogo, múltiplos pontos de vista são apresentados como forma de descobrir novas visões. Assim, o autor recomenda que, na discussão, se tome uma decisão e, no diálogo, se explorem questões complexas.

Nessa ótica, de acordo com Valença (2017), o trabalho do líder é criar uma equipe local de aprendizagem: o líder que aprende rapidamente e incentiva os outros a aprender mais rápido.

2

Inovação para a gestão do futuro

Conteúdos do capítulo:

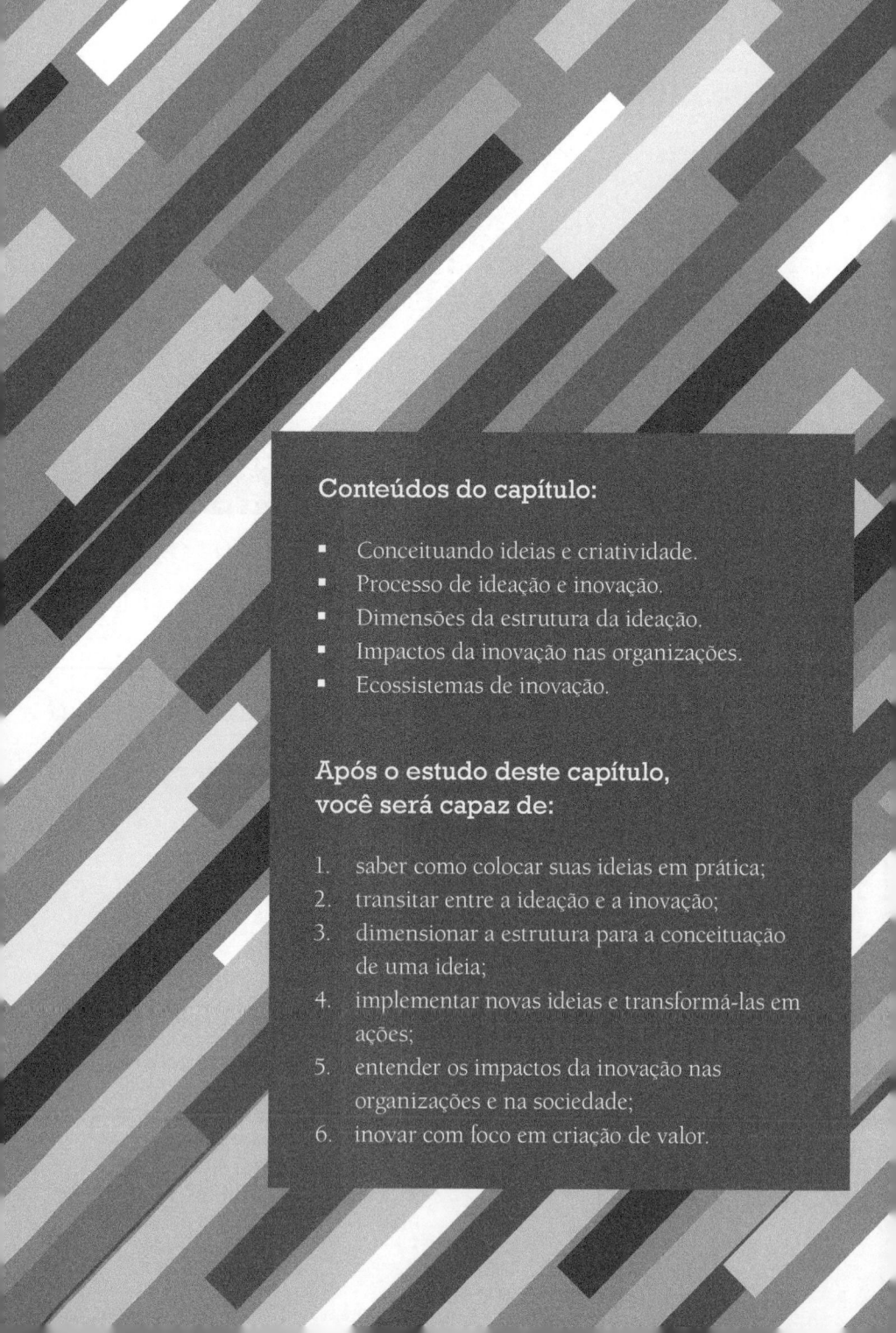

- Conceituando ideias e criatividade.
- Processo de ideação e inovação.
- Dimensões da estrutura da ideação.
- Impactos da inovação nas organizações.
- Ecossistemas de inovação.

Após o estudo deste capítulo, você será capaz de:

1. saber como colocar suas ideias em prática;
2. transitar entre a ideação e a inovação;
3. dimensionar a estrutura para a conceituação de uma ideia;
4. implementar novas ideias e transformá-las em ações;
5. entender os impactos da inovação nas organizações e na sociedade;
6. inovar com foco em criação de valor.

Ao longo da história, a inovação sempre foi o principal anseio da humanidade, e ainda hoje, para que possamos sobreviver e melhorar a qualidade de vida, devemos continuar inovando constantemente. Todas as principais ondas revolucionárias na história da humanidade (agricultura, indústria, informação e integração) estão relacionadas à inovação para criar um valor novo e melhor para as empresas e, consequentemente, para a sociedade.

Os líderes políticos insistem na importância da inovação para a justiça social e a melhoria da qualidade de vida dos cidadãos. Os executivos globais enfatizam a relevância da inovação contínua para novos produtos e serviços, mas muitas empresas estão insatisfeitas com seu desempenho de inovação.

O objetivo da inovação não é apenas proporcionar maior valor para os clientes, vantagem competitiva para a empresa e um ambiente melhor para a qualidade de vida. O objetivo final da inovação deve ser criar um futuro melhor.

Sobre a postura de determinadas organizações em relação à inovação, Trías de Bes e Kotler (2011, p. 15) afirmam o seguinte:

> A inovação é um processo desordenado: difícil de mensurar e difícil de administrar. A maioria das pessoas o identifica quando gera uma onda de crescimento. Quando as receitas e os lucros declinam durante uma recessão, os executivos muitas vezes concluem que iniciativas de inovação não valem a pena. Talvez a inovação não seja tão importante, pensam. Os executivos dizem que a inovação é muito importante, mas a abordagem de suas empresas em relação a isso é, em muitos casos, informal, e os líderes carecem de confiança em suas decisões sobre inovação.

Conseguimos facilmente perceber que os benefícios da inovação podem abranger indivíduos, comunidades, indústrias, sociedades, países e regiões. A inovação deve enfrentar a incerteza do futuro com previsibilidade, adaptabilidade e agilidade, mas isso não significa trabalhar com uma perspectiva negativa de futuro. Demanda, assim, uma postura proativa para se criar um futuro sábio, proporcionando mais oportunidades de melhorar a qualidade de vida.

Atualmente, de acordo com Anthony (2012), o termo *inteligente* tem sido amplamente utilizado – telefones inteligentes, carros inteligentes, casas inteligentes, infraestrutura inteligente, cidades inteligentes, países inteligentes etc. Já a palavra *inteligência* representa o conceito de esperança e de aspiração e depende do ponto de vista de cada pessoa. Dessa forma, para o autor, o estado de inteligência depende de condições, ambiente, cultura fornecida e sistema de valores humanos. Contudo, o conceito geral de um futuro inteligente deve significar um ambiente de vida melhor do que a situação atual.

Um futuro sábio deve ser um lugar no qual a inovação ajudará a desenvolver soluções inteligentes para problemas complexos, de modo a proteger o ambiente humano. Em um futuro inteligente, as pessoas podem buscar mais livremente oportunidades de aprendizado e crescimento, estabelecer boas relações interpessoais, estar satisfeitas com a comunidade e com o local de trabalho e dispor de recursos financeiros suficientes para ter um estilo de vida confortável e saudável.

Criar um futuro tão sábio assim requer mais do que dispositivos inteligentes, tecnologia avançada, estratégias de integração e apoio governamental. É preciso nutrir a inovação suave do futuro ideal por meio de aspectos como justiça social, estado de direito, transparência, responsabilidade, além de considerar a sabedoria coletiva da coesão das pessoas e uma visão e objetivo comuns.

Tajra e Ribeiro (2020) complementam esse pensamento ao afirmarem que não podemos entender que a inovação significa um crescimento certo e fácil, pois existem chances de ela se transformar em uma depressão – chances reais e expressivas. As autoras exemplificam com a representação "vale do óbito", que se refere às etapas um tanto mais caras em um processo de inovação (Figura 2.1).

Figura 2.1 – O processo de inovação e o "vale da morte"

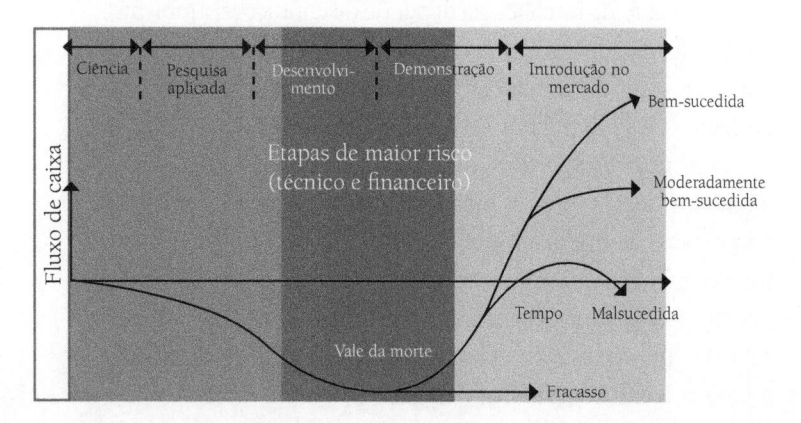

[Figura: gráfico mostrando Fluxo de caixa vs Tempo, com as etapas: Ciência, Pesquisa aplicada, Desenvolvimento, Demonstração, Introdução no mercado. Etapas de maior risco (técnico e financeiro). Vale da morte. Resultados possíveis: Bem-sucedida, Moderadamente bem-sucedida, Malsucedida, Fracasso.]

Fonte: Tajra; Ribeiro, 2020, p. 21.

De acordo com Tajra e Ribeiro (2020), a maioria dos projetos de tecnologia do Brasil não consegue efetivamente ser implementada no mercado porque não é capaz de sobreviver a desastres (como o "vale da morte"). Isso ocorre pelo fato de que tais projetos tecnológicos vivenciam um momento crítico em sua introdução no mercado, já que muitos quase nunca conseguem ser amortizados em tempo hábil.

Mas esse ambiente traçado pelas autoras nem sempre se concretiza. Sabemos perfeitamente que somos bombardeados com inúmeras inovações baseadas no *boom* tecnológico que já existe há algum tempo e está em constante e rápida expansão. Por exemplo, espera-se que a tendência de transformação digital rapidamente dissemine no Brasil o uso da telefonia 5G e a utilização de *blockchain* em operações corriqueiras. Tais avanços terão impacto na gestão da inovação em muitos setores, e muitas empresas sequer consideram que poderão vir a enfrentar o "vale da morte". Como as novas tecnologias produzem formas diferentes e aprimoradas de inovação, o objetivo de cada organização deve ser estabelecer uma cultura de inovação contínua. Obviamente, o crescimento é desafiador, e alguns erros importantes devem ser evitados no processo de inovação.

Na visão de Scherer e Carlomagno (2016), espera-se que a inovação quântica tenha grande valor, isto é, que ideias ousadas e inovadoras superem os modelos de negócios existentes. Essas ideias revolucionárias significarão que mais esforço será necessário para permanecer à frente. Portanto, a plataforma de gestão da inovação terá um papel fundamental no crescimento e sucesso da organização.

Os autores observam, ainda, que nem todas as inovações são iguais, pois a promoção da inovação contínua é a tendência básica da futura inovação em gestão. Contudo, o desejo de inovar pode levar ao fracasso.

A seguir, na Figura 2.2, apresentamos alguns desafios comuns a serem evitados, segundo Scherer e Carlomagno (2016).

Figura 2.2 – Desafios comuns a serem evitados

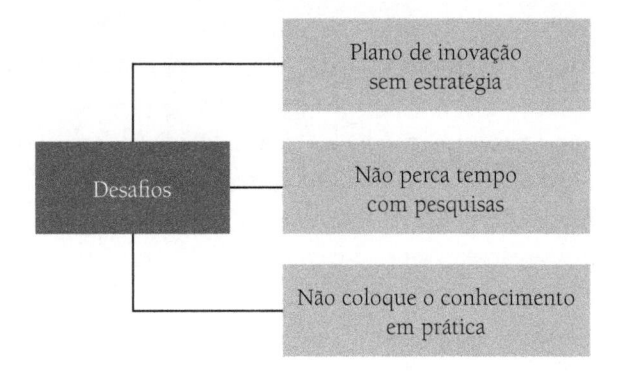

```
                    ┌──────────────────────────┐
                    │   Plano de inovação      │
                    │   sem estratégia         │
                    └──────────────────────────┘
  ┌──────────┐      ┌──────────────────────────┐
  │ Desafios │──────│   Não perca tempo        │
  └──────────┘      │   com pesquisas          │
                    └──────────────────────────┘
                    ┌──────────────────────────┐
                    │   Não coloque o conhecimento │
                    │   em prática             │
                    └──────────────────────────┘
```

Fonte: Elaborada com base em Scherer; Carlomagno, 2016.

Esses desafios devem ser analisados com um pouco mais de cuidado, conforme descrevemos a seguir.

- **Plano de inovação sem estratégia**: se você não tem certeza se quer ou não introduzir um novo plano de inovação em sua empresa, pode escolher um plano de baixo custo e comprometido, ainda que não tenha uma estratégia clara. A introdução esporádica de atividades ou de atividades inovadoras pode levar ao desperdício de tempo e recursos. Você pode descobrir que os fundos usados para esses programas desapareceram ou que outras pessoas na organização perderam o interesse. Por maior que seja seu plano de inovação, é importante dedicar-se e desenvolver uma estratégia clara e alinhada aos objetivos da empresa.
- **Não perca tempo com pesquisas**: existem muitas maneiras importantes de desenvolver uma estratégia de inovação sustentável e lucrativa, mas a etapa mais importante em cada processo é estudar as necessidades do cliente. As necessidades e os problemas dos consumidores devem compor a base de sua inovação. O processo ágil não é uma solução rápida, mas ele pode ajudar sua empresa a evitar a entrada na fase inicial de pesquisa. Assim que a pesquisa for concluída, a agilidade poderá ajudar a inovação a continuar a florescer.
- **Não coloque o conhecimento em prática**: a maioria das organizações está ciente da exclusão digital que as afeta, mas são poucas as que estão dispostas a responder com sucesso. O futuro do trabalho significa preparar-se para descansar. Da mesma forma, a maneira como você lida com a gestão da inovação manterá esses preparativos sob controle.

Onde há espaço, a inovação não deve ser acidental ou restrita. O futuro da gestão da inovação exige o uso de novas tecnologias e o desenvolvimento de estratégias que atendam aos objetivos da organização. Ser capaz de gerenciar todas as atividades sob um sistema de registro inovador ajudará a empresa a organizar as estratégias e a implementar planos.

2.1 Conceituando ideias

No dia a dia, usamos várias metáforas, muitas delas de forma coloquial, para expressar boas ideias: falamos sobre faíscas, *flashes*, dizemos que uma lâmpada está brilhando em nossa cabeça etc. No entanto, um certo conceito acaba nos empurrando para a retórica. Apesar do desenvolvimento florescente dessas metáforas, nenhuma delas se expressa como ideia verdadeira no nível mais básico.

Mas eis que surge uma forma de definir *ideia* de tal forma que conseguimos nos ver diretamente dentro dela. Essa definição é dada por Steven Johnson, no livro *De onde vêm as boas ideias*:

> Uma boa ideia é uma **rede**. Uma constelação específica de neurônios – milhares deles – se acende, uns em sincronia com os outros, pela primeira vez em nosso cérebro, e uma ideia pipoca em nossa consciência. Uma nova ideia é uma rede de células explorando o possível adjacente de conexões que elas podem estabelecer na nossa mente. Isso é verdade, quer a ideia em questão seja uma nova maneira de resolver um complexo problema de física, quer seja a linha que encerra um romance, ou uma característica para um software. Se formos tentar explicar o mistério da origem das ideias, teremos de começar nos livrando deste equívoco comum: uma ideia não é algo único. Mais parece um enxame.

Quando pensamos sobre ideias em seu estado natural de redes neurais, duas precondições decisivas ficam claras. Primeiro, o simples tamanho da rede: não se pode ter uma epifania com apenas três neurônios se acendendo. A rede precisa ser densamente povoada. Nosso cérebro tem cerca de 100 bilhões de neurônios, um número bastante impressionante, mas todos eles seriam inúteis para criar ideias (assim como para todas as outras realizações do cérebro humano) se não fossem capazes de estabelecer essas conexões complexas uns com os outros. Um neurônio médio conecta-se com mil outros neurônios espalhados pelo cérebro, o que significa que o cérebro humano adulto contém 100 trilhões de conexões neuronais distintas, fazendo dele a maior e mais complexa rede existente na Terra. (Em comparação, há algo na ordem de 40 bilhões de páginas na web. Supondo uma média de dez links por página, significa que você e eu andamos por aí dentro, dentro de nossos crânios, uma rede de alta densidade muitas ordens de magnitude maior que toda a World Wide Web). A segunda precondição é que a rede seja **plástica**, capaz de adotar novas configurações. Uma rede densa que não consegue formar novos padrões é, por definição, incapaz de mudar, de investigar nas bordas do possível adjacente. Quando uma nova ideia surge em nossa cabeça, a sensação de novidade que torna essa experiência tão mágica tem um correspondente direto nas células do nosso cérebro: um conjunto inteiramente novo de neurônios se reuniu para tornar o pensamento possível. Essas conexões são formadas por nossos genes e pela experiência pessoal: algumas delas ajudam a regular nossos batimentos cardíacos e disparam reações reflexas; outras evocam vívidas lembranças sensoriais dos biscoitos que comíamos quando crianças; outras ainda nos ajudam a inventar o conceito de um computador programável. As conexões são a chave da sabedoria, e é por isso que a teoria de que perdemos neurônios após atingir a idade adulta é irrelevante. O que importa em nossa mente não é só o número de neurônios, mas a miríade de conexões que se formam entre eles. (Johnson, 2011, p. 41, grifo do original)

Fazendo uma breve contextualização com o mundo dos negócios, entendemos que Johnson (2011) está se referindo ao processo de desenvolvimento e disseminação de ideias ilustrativas para outras pessoas. Ele descreve a sequência de pensamentos desde o conceito original até a realização. As ideias podem se originar de conhecimentos passados ou presentes, bem como de influências externas, opiniões, crenças ou princípios.

Conforme vários autores apresentam, esse processo de conceituação ou geração de ideias tem um nome bem específico: *ideação*. A seguir, elencamos algumas vantagens para uma organização que decide implementar esse conceito em seu dia a dia:

- É possível expressar conceitos de forma escrita ou verbal por meio de gráficos extraídos de conhecimentos, influências, opiniões, experiências e crenças pessoais passadas ou presentes.
- As ideias geralmente vêm de sessões de *brainstorming*, fóruns *on-line*, seminários, pesquisas, plataformas de mídia social e exercícios de construção de equipes.
- Qualquer pessoa da organização, do CEO ao estagiário, pode participar do processo de ideação e contribuir com a empresa de forma inovadora.

- A maior parte do processo de ideação vem da tentativa de resolver problemas; a ideação geralmente envolve engenharia reversa.
- O estilo de *design* inclui resolução de problemas, pensamentos derivados e pensamentos simbióticos.

Em suma, o processo de ideação leva ao estabelecimento de uma função de *design* dentro da empresa, desde a concepção inicial até a aplicação prática e a realização. As ideias podem ser provenientes de qualquer pessoa que tenha um relacionamento claro ou que esteja diretamente conectada com o negócio ou a organização, incluindo funcionários de nível inferior, gerentes, clientes, parceiros e partes interessadas.

Associada à geração de ideias, a criatividade é uma parte importante de qualquer processo de ideação. Por exemplo, no início da empresa, o Google incentivava os funcionários a passar até 20% do tempo de trabalho meditando em novas ideias que pudessem ajudá-los a resolver problemas práticos. À medida que a empresa crescia, tornou-se óbvio que a ideação deixou de ser usada como antes. Esse foco em ideias permite que as empresas inovem ou permaneçam competitivas, aumentando, assim, a probabilidade de lançamento de novos produtos, a aquisição de clientes e o desempenho financeiro.

Mas essa prática adotada pelo Google em seu início quase nunca é aceita pelas organizações tradicionais. Vários gestores entendem que, se os funcionários gastarem o tempo certo com suas necessidades de trabalho, eles não terão tempo para considerar novas estratégias ou produtos para crescimento ou melhoria. Além disso, na opinião deles, essa prática não é responsabilidade dos funcionários, e sim dos gestores.

Felizmente, não são todos os gestores que pensam e agem dessa forma. Também há vários autores que mencionam que esse entendimento é arcaico e, por que não dizer, completamente errado.

Sob o ponto de vista econômico, estamos vivendo em uma *spending society*. Conforme alerta Horst Wagenführ, conhecido economista e pesquisador da criatividade, 'só as ideias novas podem estimular o consumo, despertando novas necessidades no consumidor. De outra forma, o sistema do estado do bem-estar com suas gigantescas obrigações sociais, poderá desabar'.

Este ponto fundamental tem sido ressaltado a cada dia com maior ênfase pelos mais renomados economistas do mundo que constataram essa evidência e tornaram definitiva a afirmação de que 'só através da inovação contínua podemos assegurar a produção, o emprego e o bem-estar da humanidade'.

Por outro lado, também é indiscutível a afirmação de que 'as inovações só são possíveis a partir do exercício sistemático da criatividade'. Realmente, a palavra-chave *inovação* não significa outra coisa a não ser novidade, e isso está intimamente ligado às ideias humanas. (Teixeira, 2002, p. 2, grifo do original)

Embora o processo de ideação não esteja necessariamente em conformidade com nenhum modelo, as pessoas podem seguir algumas diretrizes gerais para maximizarem a eficácia da ideia e da solução final.

Em primeiro lugar, a ideação não começa com ideias geradas aleatoriamente. Em vez disso, o ideal é usar a engenharia reversa para se adaptar aos problemas emergentes. Portanto, é fundamental definir claramente o problema e compreender seus principais fatores subjacentes (como tendências do setor, ambiente de negócios, necessidades do cliente, restrições de orçamento e quaisquer outras razões por trás dos problemas envolvidos).

Uma vez que os pontos principais do problema e sua causa-raiz são determinados, sessões de *brainstorming* e outros trabalhos colaborativos podem ser iniciados a fim de encontrar recursos de *crowdsourcing* para obter ideias potenciais e fornecer soluções possíveis para os problemas levantados. Idealmente, tais colaborações devem ser combinadas com processos de pensamento que afetam o cérebro, visto que muitos problemas requerem métodos criativos e pragmáticos para cultivar soluções viáveis.

Portanto, um grande número de ideias geradas durante a fase de ideação será reduzido a ideias principais, as quais podem orientar melhor as ações futuras da equipe. Tais ideias, posteriormente, devem ser testadas em relação ao problema e, se necessário, ajustadas. Logo, esse processo demandará um retrabalho incansável, repleto de testes e retestes, além de redefinições, até que uma solução possível seja encontrada. Em seguida, então, a ideia poderá ser implementada no mundo real e, se for efetivamente bem-sucedida, o processo de ideação será concluído.

Nessa perspectiva, os estilos de ideação devem incluir vários aspectos, como resolução de problemas (quando uma pessoa identifica um problema que precisa ser resolvido no futuro), ideias derivadas (melhorias nas ideias existentes) e pensamento simbiótico (vários pensamentos incompletos que, juntos, constituem um pensamento geral completo). Tais aspectos podem ser diretamente direcionados por meio da criatividade.

2.1.1 Ideação e criatividade

Além se der importante para a melhoria contínua e para a gestão da inovação, a ideação também desempenha um papel fundamental no desenvolvimento de modelos de negócios, principalmente negócios digitais.

Muitas empresas usam o *brainstorming* como uma técnica inovadora na ideação, formando equipes para que seus membros, juntos, gerem ideias. A regra mais importante é que haja uma distinção clara entre gerar e avaliar ideias. Porém, os resultados da reunião de ideação geralmente não atendem às expectativas. Pelo contrário, apenas algumas sugestões são convincentes. Apesar do espírito positivo da reunião de *brainstorming*, os participantes riem e coletam muitas ideias malucas, e a maioria delas posteriormente se mostra inútil.

Isso acontece porque o *brainstorming* é uma técnica simples, mas não fixa, usada para criar ideias. Johnson (2011, p. 23) sugere que se "mantenha a calma e as ideias se espalharão". Mas isso nem sempre é eficaz, já que o *brainstorming* é um método não estruturado de coleta de ideias. Assim, ele não deve ser aplicado a questões mais complexas de ideação, como a inovação disruptiva ou o desenvolvimento de modelos de negócios digitais. Ideias complexas podem ser desenvolvidas por meio de métodos como cocriação e inovação aberta ou por meio de desafios de inovação.

Para ter ideias de alta qualidade em uma reunião de ideação, é preciso identificar problemas que são invisíveis para os outros, resolvê-los por diferentes ângulos, buscar inspiração e, realmente, ter ideias.

A tecnologia inovadora pode ajudar a criar uma estrutura de ideias, pois ela pode apoiar na recombinação de diferentes partes do conhecimento no processo de ideação. Tente imaginar uma tecnologia inovadora, como um programa de computador que pode reinstalar arquivos no disco rígido de maneiras inéditas e diversas. Se não houver nada no disco rígido, o programa, que pode ser a coisa mais incrível e espetacular do mundo, será completamente inútil.

De acordo com Teixeira (2002), a base desse conceito não é a criatividade. Segundo o autor, a base está na mente das pessoas – considere tudo o que você sabe, todas as experiências que teve, todas as coisas que já viu e os erros que cometeu... Nesse sentido, a ideia de não ter uma estratégia de inovação clara, por vezes, faz mais mal do que bem. O fato de os funcionários inicialmente terem um pensamento inovador e apresentarem novas ideias não tem valor econômico. Imagine que alguém deseja encontrar um artista que projete com criatividade todos os trens de longa distância de uma empresa ferroviária. Não há dúvida de que ele será extremamente criativo.

Se orientarmos a criatividade com sucesso, atingindo os objetivos estratégicos, ela será apenas um recurso valioso no processo de idealização. Para isso, reuniões de ideias de sucesso ajudarão a implementar estratégias de inovação melhores e mais eficazes. Assim, chegamos à conclusão de que ideias de sucesso são uma combinação de pensamento criativo e pensamento estratégico.

Para a empresa, é importante que os funcionários tenham não apenas muitas ideias, mas também as ideias certas. Ao contrário da arte ou da criatividade "louca", o pensamento estrategicamente orientado é usado para desenvolver novos produtos, serviços e modelos de negócios, otimizar processos e procedimentos ou encontrar novas maneiras de atingir objetivos.

2.1.2 Da ideação para a inovação

Ao conceituar novas ideias, de acordo com Tajra e Ribeiro (2020), é necessário orientar o pensamento para dimensões específicas e buscar respostas que ajudem a desenvolver desde o pensamento inicial até os vários estágios de inovação.

Como exemplo, as autoras explicam que um dos principais segredos do sucesso da Apple foi a criatividade por trás de cada inovação de sucesso. Steve Jobs não apenas desenvolveu dispositivos elegantes como também conceituou um ecossistema que incluía iOS, parcerias com operadoras e gravadoras, iTunes e a App Store. A Apple criou um ecossistema em expansão constante, considerado como uma das razões do sucesso da empresa. Logo, os inovadores de sucesso se concentram em conceituar suas ideias para ter sucesso no mercado.

Ao conceituar uma ideia, é necessário fazer algumas perguntas, como: Que problema a ideia resolve? Quem é o usuário da ideia? Como resolver o problema do consumidor e como lhe entregar a solução? A esse respeito, é importante concentrar-se em aspectos específicos e encontrar respostas para algumas questões, o que ajuda a desenvolver ideias desde o pensamento inicial até as várias etapas da inovação.

Percebemos claramente que a disponibilidade de novas tecnologias pode oferecer diferentes opções de conceituação e concepção. O sucesso depende do uso de ideias para resolver problemas e do ambiente de mercado escolhido. A relevância para os objetivos estratégicos da organização também é muito importante. O sucesso da Apple em produtos como iPod, iPhone e iPad deve-se, principalmente, a seu foco estratégico na integração de tecnologia, mídia e entretenimento. A empresa opta por atingir mercados específicos com base em sua intenção estratégica.

Os inovadores exploram oportunidades para tornar suas ideias bem-sucedidas, estudam as necessidades dos clientes, o ambiente de mercado, a concorrência, a estratégia de negócios da empresa e o ecossistema de parceiros e fornecedores no mercado. Os inovadores devem ter em mente que é muito importante apresentar a ideia de negócio entre os pares, pois isso ajudará a projetar o modelo de negócios de maneira mais criativa, com um enfoque mais direcionado à estratégia da empresa.

De acordo com Porter (2005), a estratégia é criar uma posição única e valiosa e capaz de envolver muitas atividades diferentes, pois somente mantendo essas diferenças a empresa pode vencer seus concorrentes. Quando associamos esses pensamentos de Porter com a ideação e a inovação, percebemos que a organização deve fornecer aos clientes maior valor, criar um valor comparável a um custo menor ou, ainda, fazer ambas as coisas. Nesse sentido, os inovadores precisam articular uma posição competitiva clara para tornar suas ideias bem-sucedidas. Por exemplo, a Nintendo entendeu claramente sua posição competitiva ao projetar consoles de jogos. Assim, obteve grande êxito com os consoles Wii porque eles se concentram em uma base de clientes mais ampla do que a dos jogadores tradicionais que desempenham funções no mercado dominado por Sony e Microsoft. Para os inovadores, é importante perguntar onde está a ideia, pois suas decisões devem sempre levar em conta os custos no momento da implementação da ideia.

Outro fator de relevância que aumenta a vantagem competitiva, relacionado à ideação e à inovação, diz respeito às habilidades básicas da organização. Porter (2005) define que a competência central deve ser a aprendizagem coletiva na organização, especialmente em relação à coordenação de várias habilidades de produção e à integração de múltiplos fluxos tecnológicos. Podemos citar os exemplos da Sony e da Philips. Por muito tempo, a inovação de sucesso da Sony esteve relacionada à sua capacidade de "miniaturizar". Já para a Philips, esse é um conhecimento técnico de mídia óptica. Os inovadores devem usar a competitividade central da empresa para apresentar as próprias ideias. A experiência de *design* da Apple, como comentado, tem sido um fator-chave de sucesso para muitas de suas inovações.

2.1.3 Dimensões da estrutura para conceituar uma ideia

O modelo de negócios criativo combinado com a estratégia de negócios da empresa fornece cinco dimensões importantes que os inovadores podem levar em conta para pensar e conceituar ideias (Figura 2.3).

Figura 2.3 – Dimensões da estratégia de negócios

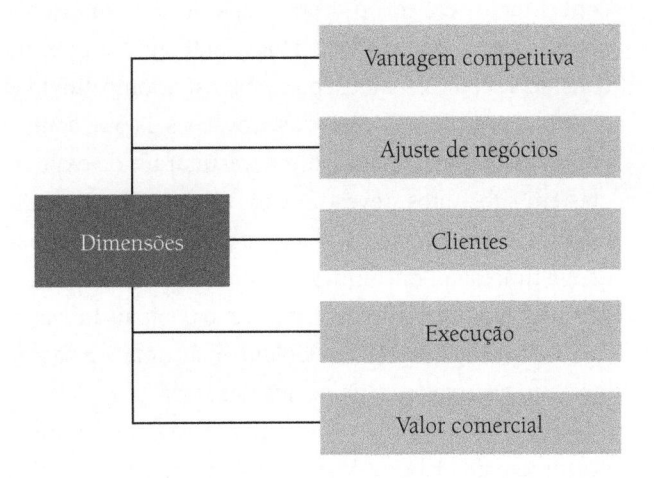

```
                    ┌── Vantagem competitiva
                    │
                    ├── Ajuste de negócios
                    │
    Dimensões ──────┼── Clientes
                    │
                    ├── Execução
                    │
                    └── Valor comercial
```

Analisando essas dimensões, temos as seguintes considerações:

1. **Vantagem competitiva**: criatividade e comitês de vendas exclusivos são os principais diferenciais, mas devem proporcionar à empresa uma vantagem competitiva única no mercado. A Nintendo obteve sucesso no console Wii por conta de sua singularidade e exclusividade em comparação com os principais concorrentes – PlayStation, Sony, Xbox e Microsoft. A Nintendo se concentrou na maneira como os clientes desejavam jogar, em vez de competir no

componente do motor gráfico do console. Da mesma forma, o único fator de diferenciação do iPod é que ele podia ser conectado ao iTunes, o qual permitia que os clientes comprassem faixas de interesse pessoal em vez de álbuns inteiros. A Apple também oferecia uma interface simples e atraente para torná-la diferente da de seus concorrentes.

2. **Ajuste de negócios**: os inovadores devem conectar suas ideias aos rumos atuais e futuros dos negócios da empresa, e os fatores diferenciadores de uma ideia devem ser conceituados em torno do principal foco estratégico da organização e de seus objetivos. Também é importante considerar como essa ideia pode abarcar a competitividade central da empresa. Muitas das inovações da 3M, como os *post-its*, a fita de câmera e filme, resultaram de experiências em substratos, revestimentos e adesivos. O sucesso da RIM em *smartphones* BlackBerry foi baseado em seu *design* funcional, que girava em torno do foco estratégico nos negócios da empresa. Uma das principais inovações da RIM no BlackBerry PlayBook foi mais uma vez baseada em seus recursos centrados nos negócios.

3. **Clientes**: saber o que os clientes pensam é muito importante para elaborar ideias com base nas necessidades deles. Por exemplo, a BlackBerry teve uma compreensão clara de seu grupo de clientes-alvo. O resultado foram os recursos exclusivos do *tablet* PlayBook. Já a Nintendo definiu uma base de clientes de jogos mais ampla. Seu foco estava em atrair famílias e jogadores comuns, o que ajudou a alcançar grande sucesso no mercado. Assim, para os inovadores, o principal conteúdo de aprendizagem é definir a base de clientes, entender suas necessidades e conceituar os fatores diferenciadores exclusivos que são críticos para segmentos de mercado específicos ao longo do processo.

4. **Execução**: a execução diz respeito à habilidade complementar necessária para transformar uma ideia em uma inovação de sucesso e trazê-la para o mercado. Nesse sentido, os inovadores devem considerar como incubar ideias, qual é a tecnologia mais apropriada para desenvolvê-las e de que maneira usar as habilidades da empresa. Além disso, é fundamental determinar os recursos de mercado, os processos, os riscos, os parceiros e os fornecedores e os ecossistemas para uma inovação bem-sucedida. Sob essa ótica, a Apple estabeleceu um ecossistema com os próprios engenheiros, *designers*, fábricas terceirizadas, fornecedores de componentes e gravadoras para lançar o iPod e o iTunes com sucesso. A empresa continuou a expandir o ecossistema para desenvolver a App Store, que contribuiu significativamente para o sucesso do iPad. Nas fases posteriores do ciclo de vida da inovação, especialmente durante o processo de incubação e comercialização da organização, certas tarefas de execução se fazem necessárias. No entanto, para os inovadores, é importante desenvolver um plano de execução.
5. **Valor comercial**: o valor comercial se refere ao mecanismo que agrega valor à empresa no processo de busca de ideias. Abrange a forma pela qual a receita é gerada, o tamanho do mercado, o compartilhamento com os parceiros e a consideração de como a estrutura de custos e os lucros são gerados. Essa dimensão está relacionada à forma como a empresa obtém benefícios importantes na hora de buscar ideias, bem como à maneira como os concretiza. Nesse sentido, a definição de valor é um aspecto fundamental do desenho do modelo de negócios e constitui a base para a escolha de ideias em cada processo de todo o ciclo de vida da inovação.

Os inovadores que têm um profundo entendimento de perspectivas, modelos de negócios e estratégias de negócios terão uma grande vitória quando encontrarem um lugar único para suas ideias. Por vezes, o colaborador da ideia original pode não contar com todas as habilidades necessárias para conceituar a ideia. Nesse caso, é muito importante cocriar as ideias com outros especialistas. Uma equipe de inovadores com múltiplas habilidades em tecnologia e negócios pode auxiliar nesse sentido. Além disso, em organizações que promovem a colaboração, os entusiastas e líderes da inovação devem estar atentos a boas ideias e ajudar os inovadores a conceituá-las.

As dimensões definidas na estrutura são muito úteis para estabelecer e desenvolver novas ideias de produtos. Cabe enfatizar que os inovadores precisam buscar constantemente a máxima eficiência ao desenvolver ideias. A chave do sucesso é promover tais ideias por meio de um trabalho ativo, e as dimensões podem ser ainda mais refinadas para ajudar os inovadores a conceituar suas ideias.

2.2 Colocando as ideias em prática

Quando tomamos banho, dirigimos ou sonhamos, temos ideias. A questão é: Vamos colocar essas ideias em prática ou não? A maioria de nós não está disposto a fazer isso e utiliza-se de desculpas: "Não sei por onde começar", "Estou feliz onde estou", "Tenho que pagar as contas".

Normalmente, apenas deixamos as ideias se esvaírem, pois racionalizamos e nos conformamos com o fato de que nove em cada dez empresas fecham as portas todos os anos. Isso é um fato. Então, por que deveríamos tentar algo diferente? As ideias são muitas, mas todas relacionadas à execução.

Nessa perspectiva, um negócio de sucesso deve contar com um bom plano de execução, segmentado em três fases específicas, como mostra a Figura 2.4.

Figura 2.4 – Fases para a execução de um negócio

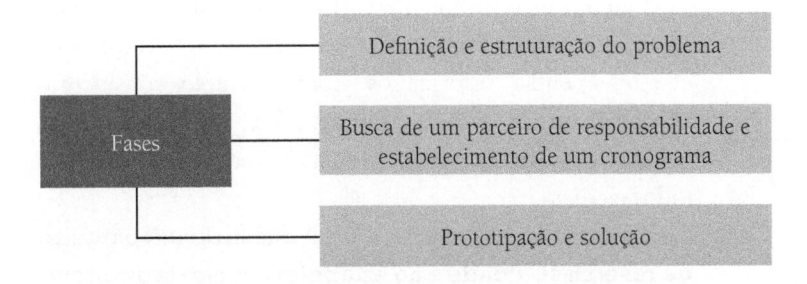

```
                    ┌─────────────────────────────────────────────┐
                    │   Definição e estruturação do problema      │
                    └─────────────────────────────────────────────┘
   ┌─────────┐      ┌─────────────────────────────────────────────┐
   │  Fases  │──────│ Busca de um parceiro de responsabilidade e  │
   └─────────┘      │      estabelecimento de um cronograma       │
                    └─────────────────────────────────────────────┘
                    ┌─────────────────────────────────────────────┐
                    │            Prototipação e solução           │
                    └─────────────────────────────────────────────┘
```

Fonte: Elaborada com base em Anthony, 2012.

Para o autor, a fase de **definição e estruturação do problema** é a mais empolgante porque, no mundo de hoje, as pessoas têm muitas ideias. Entretanto, embora possamos ter boas ideias, elas devem ser sempre escritas, e não se deve nunca pular diretamente para a solução. Você deve ter tempo para formular o problema a ser resolvido e, ainda, precisa perguntar a si mesmo ou a um cliente potencial sobre um problema não resolvido. É necessário considerar a si mesmo um cliente de um produto ou serviço e ter essa mentalidade, lembrando-se de que os clientes compram produtos ou serviços que possam resolver seus problemas. Logo, mesmo que você seja capaz de atraí-los com excelentes habilidades de vendas e *marketing* ao mesmo tempo, é possível que eles não se tornem seus clientes recorrentes ou clientes de referência – o que você deseja que eles se tornem.

No capítulo anterior, abordamos o princípio de Pareto, lembra-se? Nesse caso, podemos aplicar essa técnica, em que 80% do resultado é determinado por 20% da entrada. Em outras palavras, seus clientes obterão 80% do valor do recurso de 20% do produto ou serviço. Para tanto, a chave é usar perguntas abertas em vez de fechadas (cuja resposta se limita a um "sim" ou um "não") para entrevistar clientes a fim de pesquisar e desenvolver soluções para esse problema de 20%.

Quanto mais tempo você gasta nessa etapa, mais claramente você pode entender os principais pontos fracos de seus clientes e, então, priorizá-los. Como exemplo, considere o *software* Excel, da Microsoft. Ele tem centenas de funções, mas geralmente usamos apenas algumas básicas que são valiosas todos os dias.

Na segunda fase, que se refere à **busca de um parceiro de responsabilidade e ao estabelecimento de um cronograma**, você deve registrar suas atividades planejadas, definir prazos alcançáveis e usar arquivos de trabalho colaborativo, para que seus parceiros de responsabilidade possam acessá-los. Se não conseguir concluir a tarefa, defina uma nova data para concluí-la. Sempre admita sua vitória – este é um trabalho em andamento, mas não necessariamente perfeito.

Já na última fase proposta por Anthony (2012), **prototipagem e solução**, você precisa atrair alguns clientes e acreditar que eles serão os primeiros a adotar seus produtos/serviços, o que ajudará a gerar um efeito em cascata. Deve-se considerar fatores como idade, sexo, raça ou quaisquer outros atributos relacionados a características pessoais dos consumidores. Por exemplo, quando o Facebook foi fundado, ele era originalmente voltado para estudantes universitários nos *campi* da Ivy League; agora, tem um 1 bilhão de usuários de diferentes continentes, raças e faixas etárias.

Trata-se de uma etapa difícil porque a maioria das pessoas precisa encontrar um parceiro. Se você recebeu treinamento técnico, é fácil de desenvolvê-la, mas você vai precisar de um empresário para ajudá-lo a absorver e a construir ideias. O mesmo se aplica a empreendedores que precisam de pessoal técnico para ajudar a elaborá-las.

A prototipagem é um processo iterativo. Logo, é necessário constantemente obter *feedback* do público-alvo e contar com o suporte de ferramentas de análise específicas.

Por exemplo, você deseja abrir um restaurante que serve comida italiana e pretende entrevistar proprietários de restaurantes italianos em todo o país ou em um estado onde você acha que não haverá concorrentes. Você aprenderá muito com a experiência deles e com o que estão dispostos a compartilhar, e ficará surpreso.

Em suma, é possível concretizar suas ideias, seja qual for o resultado, desde que você esteja disposto a agir e desfrutar do processo.

2.2.1 Implementação de novas ideias

A inovação tem se tornado um pilar cada vez mais importante para o desenvolvimento de estratégias organizacionais, pois se refere à geração e introdução deliberada de novas ideias e de produtos, serviços e métodos de trabalho úteis.

Nessa ótica, conforme exposto por Scherer e Carlomagno (2016), a inovação assume muitas formas e pode melhorar o desempenho organizacional, além de ajudar a obter vantagens sobre os produtos dos concorrentes, melhorar a prestação de serviços, aumentar a eficiência ou fornecer novas direções estratégicas. Então, como aprender a fazer melhor em inovação?

Para tornar as ideias algo realmente valioso, muito trabalho precisa ser feito. Para conseguirem demonstrar inovação, as organizações precisam ser capazes de desempenhar um bom papel em todos os aspectos desse processo, que inclui descobrir oportunidades, analisar problemas, gerar novas ideias, avaliar o valor delas e colocá-las em prática. Grande parte dessa capacidade vem de garantir que os funcionários tenham o conhecimento, as habilidades e a motivação corretos para participar ativamente de todas as partes do processo.

Teixeira (2002) corrobora essa ideia, pois defende que a inovação implica diferentes habilidades, as quais são necessárias em cada um dos estágios do processo de inovação que abordamos anteriormente. Por exemplo, pessoas com fortes habilidades de negociação e influência têm mais probabilidade de superar o fraco apoio de outras pessoas e pôr em prática as próprias ideias. Assim, sem os atributos corretos dos funcionários, as organizações dificultam seus esforços de inovação.

O aprendizado em equipe é uma forma de desenvolver esses atributos, mas, infelizmente, a maioria dos treinamentos desenvolvidos nas empresas, baseados na criatividade, concentram-se apenas em como gerar novas ideias e ignoram as habilidades necessárias para a implementação.

2.2.2 Transformação das ideias em ação

Para que qualquer ideia tenha valor prático, uma ação deve ser tomada. Todos temos objetivos próprios. Mas qual é a coisa mais importante que você deseja realizar? Uma boa ideia não é suficiente, pois ela também deve ser relevante e importante para a conquista de seus objetivos. Nessa ótica, a ideia de "reprovar no primeiro teste" deve ser reservada para mais tarde, ou para nunca mais.

Depois de seguir as três fases propostas por Anthony (2012), podemos considerar o problema por meio da identificação de cinco ações que podem ser executadas para ajudar a implementar uma boa ideia que foi criada ou aceita (Figura 2.5).

Figura 2.5 – Identificação de cinco ações

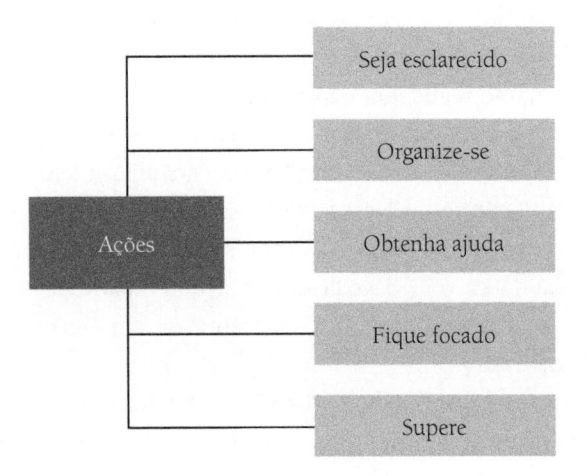

```
                  ┌─ Seja esclarecido
                  ├─ Organize-se
         Ações ───┼─ Obtenha ajuda
                  ├─ Fique focado
                  └─ Supere
```

A seguir, descrevemos cada uma dessas ações:

1. **Seja esclarecido**: antes de agir com sua ideia, certifique-se de que você realmente entendeu o significado e a importância dela e quais são os resultados esperados. Essa etapa é especialmente importante para ideias que serão implementadas por um grupo, porque nem todos têm a mesma imagem dela antes do esclarecimento.
2. **Organize-se**: se sua ideia passar nos testes iniciais, é hora de planejar. Encontre as etapas de implementação. Pense no tempo. Coloque suas ideias em prática. O tempo gasto no planejamento e na organização sempre traz benefícios.

3. **Obtenha ajuda**: você pode não ser capaz, sozinho, de transformar suas ideias em realidade. Por isso, seu plano deve ajudá-lo a entender onde você pode precisar de outra experiência, visão ou ajuda. O mesmo vale para a equipe. Identifique os recursos de que você vai precisar e ajuste-os desde o início. Ao realizar essas operações, suas ideias se tornarão realidade mais rapidamente.
4. **Fique focado**: depois de determinar a ideia a ser implementada e traçar um plano, levará algum tempo para implementá-la! Nessa ótica, ter concentração significa criar espaço e tempo para transformar pensamentos em realidade. Você deve fazer a transição da fase de ideação para a fase operacional. Concentre-se em alcançar esse objetivo.
5. **Supere**: você pode ter uma (ou mais) ideia de que goste. Lembre-se de que uma boa ideia é muito diferente de uma ideia certa. Pode haver muitas boas ideias em sua lista, mas, para algumas delas, o momento pode não ser adequado ou, ainda, elas podem não ser suficientemente importantes. Certas pessoas não serão capazes de atingir plenamente seus objetivos, e tudo bem! Por isso, para implementarmos nossas melhores ideias, por vezes devemos estar dispostos a desistir do plano ou, ao menos, adiá-lo para outra hora. Se você estiver disposto a fazer isso, as chances de implementar outras opções aumentarão.

Todas as sugestões apresentadas são úteis e, quando você as considerar, elas o ajudarão a definir pensamentos e prioridades pessoais. O líder compartilha ideias e estabelece prioridades e, então, uma equipe decide o que fazer e quem deve estar envolvido.

2.3 Impactos da inovação nas organizações

Por muitas razões, as empresas modernas cresceram e tiveram sucesso no ambiente corporativo atual. Algumas são famosas por seus produtos, outras por seus serviços, e ainda há produtos notórios por fatores que não são fáceis de definir, como fidelidade à marca ou campanhas publicitárias participativas. Quando consideramos as empresas que realmente se destacam hoje como líderes em seus ramos de atuação, fica claro que todas elas têm uma coisa em comum: elas abraçam a inovação.

Entre as organizações líderes em inovação estão algumas relativamente novas, como Uber e Amazon, que mudaram os processos no centro da indústria para interromper o *status quo* instalado e, muitas vezes, extremamente consolidado. Empresas como a Microsoft e a Apple existem há décadas graças a seu sucesso contínuo, o que é caracterizado por uma inovação constante. No entanto, se a inovação não fizer parte da estratégia geral de negócios, não importa em qual departamento ou posição atual a organização esteja, não se pode esperar que ela mantenha uma vantagem competitiva.

O conceito de inovação, para Büttendender (2020), refere-se ao processo pelo qual indivíduos ou organizações conceituam novos produtos, processos e ideias ou lidam com eles de novas maneiras. No mundo dos negócios, as empresas podem realizar diversos tipos de inovação, os quais, normalmente, estão diretamente ligados a um único produto, processo ou fluxo de trabalho interno ou a um modelo de negócios. Algumas empresas até combinam esses três elementos em um esforço para liderar o crescimento enquanto se adaptam a mercados em rápida mudança.

A Apple é um bom exemplo de organização que efetivamente adotou a inovação em vários pontos-chave de sua trajetória. Por exemplo, na década de 1990, a empresa estava à beira da falência, mas, por meio de uma cooperação com a Microsoft, ela conseguiu enfrentar o cenário destruidor, embora por muito tempo as duas organizações tenham sido consideradas inimigas. Essa mudança moldou efetivamente toda a filosofia corporativa da Apple e a levou ao lançamento do iMac, representando um *turning point* total para a organização.

Conforme descreve Gallo (2010), a cooperação com a Microsoft abriu uma era de inovação e aventura para a Apple, que resultou na invenção de muitos produtos tecnológicos que são considerados a base da vida atual, incluindo iPod, iPhone, Macbook, Apple Watch, iPad etc.

A seguir, na Figura 2.6, apresentamos três fatores-chave relacionados à importância da inovação empresarial.

FIGURA 2.6 – Fatores-chave para a inovação empresarial

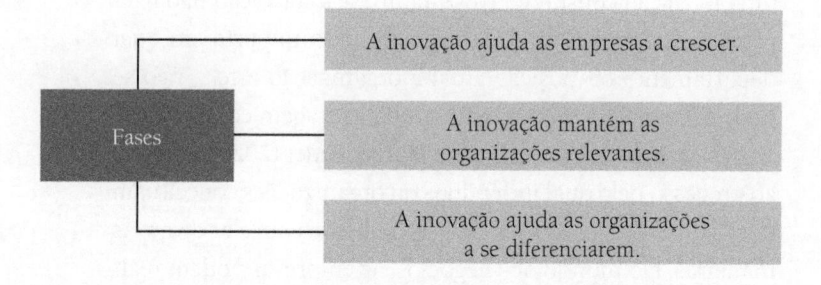

```
              ┌─ A inovação ajuda as empresas a crescer.
              │
    Fases ────┼─ A inovação mantém as organizações relevantes.
              │
              └─ A inovação ajuda as organizações a se diferenciarem.
```

Conforme mencionamos, se você deseja expandir seu negócio para torná-lo mais bem-sucedido e lucrativo, existem várias maneiras de atingir esse objetivo.

Embora seja um caminho lento, você pode escolher seguir o prumo atual e evoluir gradualmente à medida que vai refinando os produtos e modelos de negócios existentes. Em vez disso, você pode optar por expandir seus negócios por meio de fusões ou de aquisições de outras empresas, o que é mais rápido, mas geralmente custa mais dinheiro. Você também pode escolher repensar o produto ou modelo de negócios (ou ambos) do início ao desenvolvimento – esse processo pode levar a uma ágil expansão e permitir que você dimensione seus negócios muito rapidamente.

O mundo que nos rodeia está em constante mudança e, para manter seu negócio relevante e lucrativo, será preciso adaptar-se a essas novas realidades. A tecnologia continua a se mostrar como a força motriz por trás das necessidades de mudança.

A esse respeito, para quantificar o impacto recente, observe os seguintes fatos, citados por Gallo (2010):

- noventa por cento dos dados mundiais foram criados nos últimos dois anos;
- mais de 570 novos *sites* são desenvolvidos a cada minuto no mundo.

Essas mudanças levaram a uma nova era de modelos de negócios e inovação, a qual permitiu a entrada de negócios inéditos no mercado e, ao mesmo tempo, prejudicou gravemente as empresas maduras. Na realidade, os executivos atuais acreditam que, em razão desse nível de interrupção digital, muitas empresas serão eliminadas nos próximos dez anos. Assim como as *startups* costumam inovar para entrar no setor, as organizações mais maduras também precisam inovar para se sobressaírem em face da concorrência e manterem uma posição importante em um ambiente em rápida mudança.

Em essência, a inovação significa fazer diferente do que os outros fazem em sua área. Por exemplo, se sua organização buscar inovação em produto, o objetivo será desenvolver ou atualizar produtos até que acabem os produtos no mercado.

Se sua organização buscar inovação em processo, isso economizará tempo, dinheiro ou outro recurso e fornecerá uma vantagem competitiva em comparação a outras empresas do sistema. Em ambos os casos, sua empresa precisará gastar algum tempo tentando coisas novas, porque manter o *status quo* não funcionará.

Embora o sucesso espontâneo possa trazer grandes retornos para muitas empresas, é um erro ignorar outra vantagem importante: a inovação pode ajudar as organizações a se diferenciarem de concorrentes supersaturados. Mesmo que o foco principal da empresa seja sempre agregar valor aos clientes, perceber o valor de forma atrativa e diferenciada também pode se tornar uma parte relevante da imagem da marca e da estratégia de negócios.

Para impulsionar o crescimento dos negócios, estar em contato com as mudanças e diferenciar-se dos concorrentes, os líderes devem ser capazes de pensar de forma criativa e incorporar a inovação em seus modelos de negócios. Isso não significa que a vontade de inovar seja o único elemento de sucesso: os líderes também devem ter um conhecimento sólido de como colocar a inovação em prática. Para Trías de Bes e Kotler (2011), uma maneira de atingir esse objetivo é ganhar experiência em projetos de motivação, desafio e inovação, porque isso pode garantir uma compreensão das habilidades necessárias para impulsionar a inovação em uma organização.

Todos nós já ouvimos a frase "Adapte-se ou morra", que representa uma realidade universal para o sucesso de uma organização no mundo moderno. Por exemplo, considere a expansão massiva dos avanços tecnológicos na última década: em virtude desse rápido crescimento, a empresa é forçada a se adaptar e expandir mais do que nunca.

A constante demanda por crescimento e mudança também oferece às empresas muitas oportunidades. Portanto, as que adotam a inovação apresentam vantagens consideráveis no atendimento às necessidades dos clientes. Em suma, a menos que as organizações adotem a inovação e a mudança, elas não sobreviverão.

2.3.1 Impactos da inovação na sociedade

A inovação afeta todos os aspectos do mundo, da agricultura ao transporte, bem como a maneira como nos comunicamos. Atualmente, a automação de processos robóticos pode ser usada para automatizar tarefas, e a inteligência artificial está se tornando uma colaboradora em vários campos, como medicina, transporte e moda.

Podemos afirmar, sem nenhuma chance de errar, que a inovação está firmemente incorporada às nossas atividades diárias, até mesmo no nível em que os números se tornam invisíveis.

Mas isso tudo tem um impacto mais amplo. De acordo com Tajra e Ribeiro (2020), a inovação está remodelando nossa sociedade. Esse nível de integração representa o próximo grande desenvolvimento social.

A revolução que vivemos hoje e as inovações que ela traz são limitadas apenas por nossa imaginação e pelo grau de aceitação social que pode ser alcançado. Os carros sem motorista são um exemplo simples e poderoso disso. Outras tecnologias também fizeram progressos consideráveis, como:

- armazenamento na nuvem;
- inteligência artificial;
- *blockchain*;
- realidade aumentada e virtual;
- internet das coisas (IoT);

- robótica;
- computação quântica.

Essas tecnologias estão nos ajudando a caminhar em direção a um mundo em constante evolução, no qual poderemos fornecer produtos e serviços no exato momento em que precisarmos deles. Nesse cenário, a inovação, principalmente a que está relacionada com a tecnologia, tornou-se invisível e indivisível no dia a dia das pessoas.

Por exemplo, já são várias as instituições financeiras e os bancos que permitem a seus clientes realizar tarefas bancárias diárias simples com a ajuda de assistentes virtuais, como verificação de saldos de contas, acesso ao histórico de transações ou identificação de datas de vencimento.

No setor de seguros, alguns pioneiros começaram a usar o *blockchain* para criar novas propostas de valor. Empresas aéreas, por exemplo, estão ativando uma plataforma de segurança automatizada baseada em um *blockchain* para garantir que seus parâmetros operacionais não sejam afetados por atrasos de voos. Se o tempo de atraso ultrapassar o determinado na programação, a compensação será acionada automaticamente por meio de um contrato inteligente que associa um seguro adquirido pelo cliente a um banco de dados de tráfego aéreo global.

Certamente, a sociedade se reconstruiu repetidamente em torno da destruição criativa no passado, e não há dúvida de que deverá fazer o mesmo novamente (Trías de Bes; Kotler, 2011). No entanto, a mudança final é única: na transformação que estamos vivenciando, a mudança é bidirecional. As pessoas não estão apenas usando os produtos e serviços das empresas; também estão fornecendo-lhes informações e direitos de acesso.

Para realizarem essa inovação abrangente, segundo Büttendender (2020), as empresas precisam entender e, ao mesmo tempo, afetar profundamente a vida das pessoas. As organizações também necessitam desenvolver o mesmo nível de consciência empresarial que seus parceiros. Empresas experientes perceberam que esse nível de conexão e confiança requer um novo tipo de relacionamento, pois, até agora, a robótica, a análise de *big data* e outras tecnologias têm sido utilizadas para atuar em paralelo com as pessoas, mas de forma automatizada, e sua função principal é melhorar a eficiência do processo.

Agora, conforme as empresas investem em sistemas de inteligência artificial, elas podem perceber, comunicar, explicar e aprender todas essas mudanças. À medida que continuam a aumentar as capacidades e o impacto da inteligência artificial na vida das pessoas, ela está se tornando um membro responsável e produtivo da sociedade. Dessa forma, a inteligência artificial pode não apenas criar uma vantagem competitiva para as empresas, mas também mudar a própria sociedade.

A inteligência artificial pode ajudar as empresas a ir além da automação e melhorar as capacidades das pessoas com um novo valor. A aliança entre humanos e máquinas pode inaugurar uma nova era de trabalho e gerar vantagens competitivas, pois as empresas que já estão comprometidas com a inteligência artificial podem aumentar sua receita nos próximos anos. Nessa ótica, a esperança reside no esforço conjunto de humanos e máquinas para desenvolver experiências diferenciadas para os clientes e criar novos produtos, serviços e mercados.

Entretanto, conforme defende Büttendender (2020), essa tecnologia trará benefícios e danos, e tanto os indivíduos quanto as empresas sentirão esses impactos. A nova tecnologia pode promover o desenvolvimento de campos completamente novos, mas, igualmente, pode destruir os campos existentes. Logo, a sociedade está realmente preocupada com a possibilidade de que a inteligência artificial seja tão eficiente que leve à perda de muitas vagas de emprego.

Nessa ótica, costumamos esquecer que as empresas também são consumidores, os quais desejam que a inteligência artificial forneça serviços personalizados. Por que elas não pensariam que as máquinas inteligentes podem fornecer informações continuamente e descobrir ativamente novos *insights* para ajudá-las a melhorar sua condição e a de seus clientes? Aqui reside uma grande oportunidade a ser explorada pelos gestores das empresas, pois as pessoas não precisam apenas de habilidades – necessitam também de novas habilidades. A própria sociedade aspira que surjam organizações inteligentes que possam perturbar o mercado e melhorar a experiência de trabalho.

2.3.2 Impactos positivos da inovação

Anteriormente, mencionamos que a capacidade de inovar é a chave para o sucesso de longo prazo das empresas. Sem inovação, as empresas não conseguirão sobreviver por muito tempo, pois a tendência de substituir antigas por novas organizações está aumentando.

Anthony (2012) explica que existem seis grandes fatores em razão dos quais a inovação deve ser ativamente implementada e gerenciada em todas as empresas atualmente, conforme indica a Figura 2.7.

FIGURA 2.7 – Fatores que incentivam a gestão de inovação

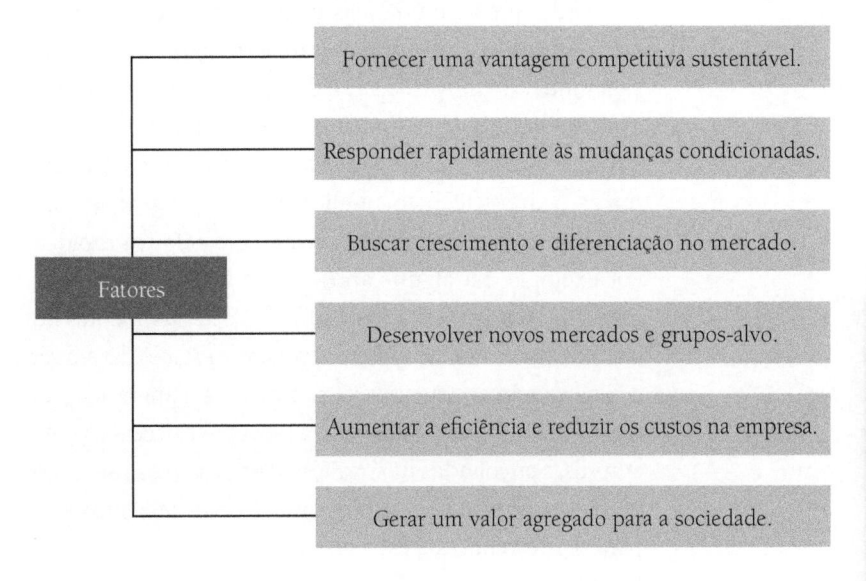

```
                    ┌─ Fornecer uma vantagem competitiva sustentável.
                    │
                    ├─ Responder rapidamente às mudanças condicionadas.
                    │
                    ├─ Buscar crescimento e diferenciação no mercado.
         Fatores ───┤
                    ├─ Desenvolver novos mercados e grupos-alvo.
                    │
                    ├─ Aumentar a eficiência e reduzir os custos na empresa.
                    │
                    └─ Gerar um valor agregado para a sociedade.
```

FONTE: Elaborada com base em Anthony, 2012.

Para cada um desses fatores, podemos fazer as seguintes considerações:

1. **Fornecer uma vantagem competitiva sustentável**: a fim de garantirem uma vantagem competitiva sustentável, as empresas devem ser criativas e desenvolver novas ideias. A orientação estratégica inovadora e a gestão da inovação asseguram a competitividade para as organizações no desenvolvimento de médio e longo prazo. Nesse sentido, funcionários inovadores são recursos extremamente valiosos. As empresas de sucesso não considerarão a inovação um subproduto, mas implementarão o pensamento inovador na organização e o usarão para aproveitar o potencial de seus funcionários.

2. **Responder rapidamente às mudanças condicionadas**: à medida que as mudanças continuam a se acelerar, a empresa começa a enfrentar grandes desafios. O governo está mudando, novas leis estão sendo aprovadas, lugares que antes eram ilegais podem repentinamente se tornar legais, e vice-versa. Além disso, constantemente surgem novos padrões técnicos e clientes mais exigentes, bem como novas tendências aparecem com relativa rapidez. Por exemplo, há alguns anos, as tendências ambientais estavam concentradas em certas áreas. Atualmente, no entanto, praticamente todos os produtos/serviços devem ser ecologicamente sustentáveis ou orgânicos. Para se adaptar rapidamente a essas mudanças, a inovação é necessária. As empresas envolvidas na inovação e na gestão da inovação precisam responder rapidamente a essas modificações para seguir tendo sucesso no futuro.
3. **Buscar crescimento e diferenciação no mercado**: novos participantes do mercado importam modelos inéditos de negócios ou os mesmos modelos a preços mais baixos, o que representa uma ameaça direta. Portanto, a empresa deve promover a inovação para se destacar da concorrência no mercado existente. Mesmo pequenas inovações de produto podem impedir a imitação e ser usadas como uma alavanca para o crescimento e a diferenciação do mercado. A inovação do modelo de negócios pode, de fato, atingir uma diferenciação muito alta.
4. **Desenvolver novos mercados e grupos-alvo**: a inovação permite entrar em novos mercados e desenvolver novos grupos-alvo. Por exemplo, com a ajuda da inovação de mercado, novas áreas podem ser exploradas, e a tecnologia utilizada pela organização pode ser transferida para novas

áreas de aplicação (como no transporte de passageiros ou na distribuição de alimentos). No entanto, geralmente não é necessário ajustar apenas tecnologia, *marketing* ou serviços, mas também produtos e modelos de negócios para atender às necessidades do novo departamento. A inovação de mercado se tornou rapidamente o mote central para o desenvolvimento de novos negócios.

5. **Aumentar a eficiência e reduzir os custos na empresa**: a inovação pode reduzir os custos de produção. Por exemplo, a inovação de processos pode continuar a melhorar significativamente a eficiência e a eficácia da empresa.

6. **Gerar um valor agregado para a sociedade**: de modo geral, a inovação também pode criar valor agregado para a sociedade. Principalmente na área médica, a tecnologia inteligente oferece novas formas de tratamento e grande comodidade para o atendimento domiciliar. A redução do consumo de recursos por empresas e indivíduos por meio de tecnologias inovadoras é outro exemplo de valor agregado social, seja por meio de embalagens que economizam recursos, seja por meio de soluções sustentáveis para a indústria têxtil.

Com base no exposto, podemos concluir que a inovação é a única forma de gerar vantagem competitiva sustentável e alcançar o sucesso no mercado. Ela assegura a receita de amanhã, reduz custos e diferencia a empresa. Contudo, um bom modelo de negócios que só oferece vantagens de mercado de curto prazo e desaparece depois de um ano não é a abordagem certa, mesmo que muitas empresas o façam.

Por isso, para criar uma vantagem de mercado em toda a empresa, a implementação profissional da gestão da inovação é essencial.

2.4 Ecossistemas de inovação

Praticamente em todo o mundo, organizações e instituições como governos, universidades, investidores e empresas (para citar alguns) buscam se desenvolver ou se tornar parte de um ecossistema pautado na inovação. Há muita discussão sobre a criação de ecossistemas de inovação, e agora as negociações estão se voltando para como melhorar esses ecossistemas e torná-los mais eficazes e eficientes.

Mas o que é um ecossistema de inovação e por que ele é tão importante? Por que precisamos dele? Qual é o papel das partes interessadas no desenvolvimento de um ecossistema de inovação sustentável? Vamos tentar responder a todas essas perguntas agora.

Um ecossistema pode ser entendido como um complexo de comunidades biológicas, sendo o ambiente em que ele está inserido uma unidade ecológica. Por sua vez, a expressão *ecossistema de inovação*, de acordo com Scherer e Carlomagno (2016), é usada para descrever os vários participantes, as partes interessadas e os membros da comunidade que são essenciais para a inovação.

O ecossistema de inovação inclui universidades, governos, empresas, aceleradores de *startups*, capitalistas de risco, investidores privados, fundações, empreendedores, mentores e a mídia. Eles desempenham um papel importante na criação de valor para o ecossistema mais amplo e na transformação de novas ideias em realidade, por meio de aquisições e investimentos financeiros. Entidades locais, estaduais e federais podem, e devem, participar do desenvolvimento do ecossistema. Nesse sentido, água, eletricidade, transporte e moradias populares são essenciais para o crescimento, e os parceiros no setor público sabem muito bem disso.

No ecossistema, os organismos se apoiam mutuamente para que possam funcionar e sobreviver juntos, e os participantes do ecossistema de inovação também podem ajudar uns aos outros. A colaboração ocorre de várias maneiras, incluindo eventos, promoções cruzadas e compartilhamento de recursos. Trabalhar com essa habilidade pode demonstrar o poder da colaboração e criar uma comunidade cujos membros podem apoiar os objetivos, a missão, a visão e os valores uns dos outros.

O ecossistema de inovação cria um fluxo positivo de informações e recursos, transformando ideias em realidade. Por meio dele, é estabelecido um processo no qual mais inovadores e empreendedores podem desenvolver e lançar soluções para resolver problemas do mundo real com mais rapidez. Esse processo pode gerar *expertise* em novas áreas, ajudar a alcançar a diversificação econômica e permitir que a empresa atenda aos clientes onde quer que eles estejam. Além disso, o ecossistema de inovação fornece um meio para criar estabilidade econômica e compartilhamento de recursos.

As novas empresas também criaram oportunidades de emprego. No entanto, não podemos esquecer que elas igualmente estão ocupadas elaborando tecnologias inéditas aplicáveis a todos os setores e públicos. Assim, estão em contato com todos aqueles que fazem parte do ecossistema, identificando seus principais parceiros e transformando os investimentos tangíveis e financeiros em produtos tangíveis que afetam a maneira como vivemos, trabalhamos e nos divertimos.

O valor do ecossistema de inovação está na obtenção de recursos para *startups* e na transmissão de informações aos *stakeholders* do ecossistema. Esse tipo de fluxo de dados oferece mais oportunidades de investimento para as instituições certas, no momento adequado e pelos motivos corretos, com o objetivo de que as ideias possam ser associadas ao negócio e ao portfólio de investimentos.

2.4.1 Inovação com foco em criação de valor

O foco do ecossistema de inovação é criar inovações de valor, enquanto as *startups* geram empregos e resolvem problemas. O ecossistema se dedica a entender a identidade das melhores *startups*, agregando valor a empresas e financiadores e gerando um efeito dominó. Por exemplo, levou anos ou mesmo décadas para que o Vale do Silício construísse o próprio ecossistema. Portanto, por conta dessa demora, é importante concentrar-se em objetivos de longo prazo.

O ecossistema pode querer se estabelecer como o melhor lugar para inovar, a depender da taxa de investimento associada a *startups* de pares ou da velocidade de financiamento de instituições de capital de risco, empresas e anjos. Também é possível estabelecer canais de comunicação mais transparentes entre *startups* e investidores, aumentar a conscientização sobre oportunidades relacionadas e fornecer informações úteis para um *pool* de investimento mais amplo. Outro indicador de sucesso pode ser obtido por meio da relação entre o número de *startups* e de inovações financiadas por capitalistas de risco de fora do estado (em vez de dentro do estado) e que permanecem no estado após o financiamento.

Independentemente do indicador adotado, o pré-requisito é estabelecer visão e objetivos claros e vincular a eles indicadores confiáveis. Isso ajudará o líder do ecossistema a entender se está no caminho certo e como corrigir o processo para se alinhar à visão mais ampla, já que os indicadores dependem da maturidade do ecossistema.

No longo prazo, como em um ecossistema, quando você transforma informações por meio de processos reais e acelera a transformação de ideias em realidade por meio de investimento e apoio, além de acelerar o crescimento do investimento, também gera mais experiência e mais empregos, além de crescimento e tempo. Isso pode ser claramente percebido quando pensamos no ecossistema do Vale do Silício.

Para começar a empreender com essa perspectiva, é necessário ter coragem para liderar e convencer-se de que o mundo proporcionará um lugar melhor para todos. Scherer e Carlomagno (2016) apresentam algumas dicas para quem valoriza a inovação e vê as *startups* como o caminho para um mundo melhor (Figura 2.8).

Figura 2.8 – Caminhos que valorizam a inovação

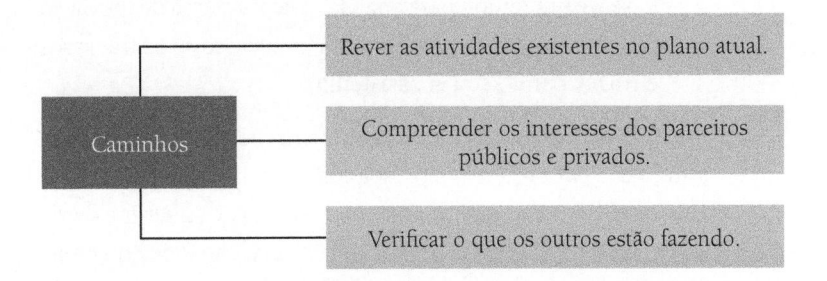

Caminhos
- Rever as atividades existentes no plano atual.
- Compreender os interesses dos parceiros públicos e privados.
- Verificar o que os outros estão fazendo.

Fonte: Elaborada com base em Scherer; Carlomagno, 2016.

Esses caminhos podem ser interpretados da seguinte forma:

- **Rever as atividades existentes no plano atual**: avalie as atividades locais em torno da inovação. Onde estão as novas ideias e quem as está liderando? Que campo essas novas ideias representam e como apoiá-las? Quem é o conector? A compreensão desses fatores ajudará a entender a situação do momento.
- **Compreender os interesses dos parceiros públicos e privados**: entidades locais, estaduais e federais podem, e devem, participar do desenvolvimento do ecossistema. Nesse sentido, a água, a eletricidade, o transporte

e a moradia acessível são essenciais para o crescimento sustentável e, como já afirmamos, os parceiros do setor público sabem disso. Por isso, concentre-se em entender esses parceiros, bem como suas necessidades e seus objetivos. Em seguida, ajuste as atividades de inovação para lhes mostrar como eles podem trabalhar no ecossistema para atingir seus objetivos e mudar o mundo.

- **Verificar o que os outros estão fazendo**: uma das características mais incríveis dos ecossistemas de inovação é que eles raramente competem, apoiam a comunidade e reconhecem que todo mundo faz parte do mesmo cenário. Reserve um tempo para analisar o ecossistema de inovação. O que você pode aprender com os sucessos e os fracassos e trazer para o seu ecossistema?

Depois de juntar todas as informações, você pode fazer um plano para reunir os principais participantes e discutir o que está acontecendo no momento, aonde você quer ir e como pretende chegar lá. Mais importante ainda: não deixe que seus pensamentos capturem suas ideias (conforme comentamos anteriormente); por isso, aja e preste atenção às novas ideias que surgem ao seu redor.

2.4.2 Etapas do processo

Considerado como uma estrutura para tomadores de decisão, o conceito de um ecossistema de inovação começou a atrair a atenção das empresas apenas nos últimos anos. Complementando a definição de ecossistema de inovação, podemos entender que ele descreve a amplitude e a diversidade dos participantes e os recursos necessários para a inovação.

Os princípios básicos das funções e dos valores das interações e dos relacionamentos no ecossistema de inovação podem ser descritos tal como constam na Figura 2.9.

FIGURA 2.9 – Princípios básicos de relacionamento no ecossistema de inovação

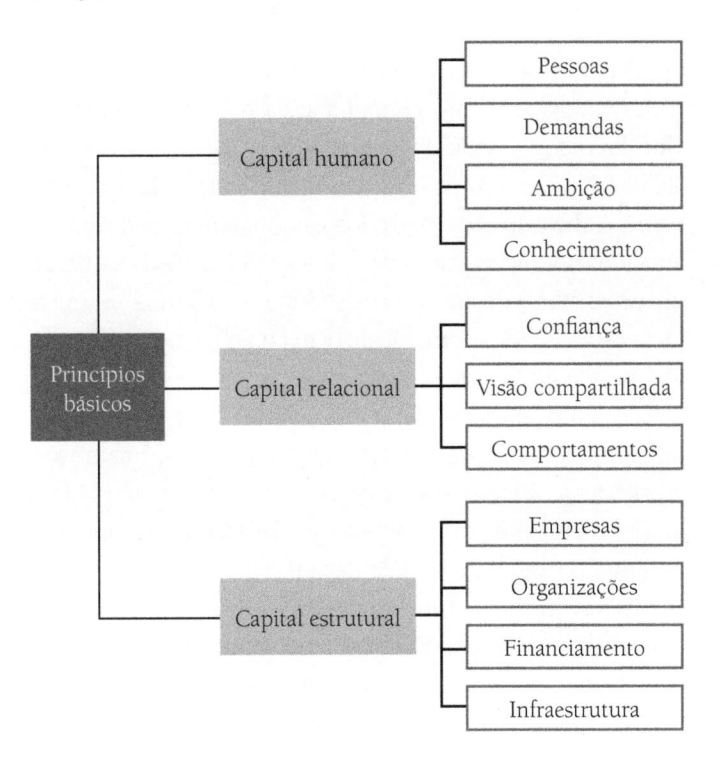

```
                                    ┌─ Pessoas
                   ┌─ Capital humano ─┼─ Demandas
                   │                  ├─ Ambição
                   │                  └─ Conhecimento
                   │
                   │                     ┌─ Confiança
Princípios ────────┼─ Capital relacional ─┼─ Visão compartilhada
básicos            │                     └─ Comportamentos
                   │
                   │                      ┌─ Empresas
                   └─ Capital estrutural ─┼─ Organizações
                                          ├─ Financiamento
                                          └─ Infraestrutura
```

Embora a análise dos sistemas tradicionais de inovação se concentre na inovação e nos investimentos (em termos de infraestrutura), estes são realizados em um ambiente geográfico ou setorial. Ao deslocar a atenção para o ecossistema de inovação mais intangível, qualitativo e sutil, é possível isolar, identificar e compreender as interações e os relacionamentos (capital humano e de relacionamento) que afetam a inovação.

2.4.3 Como implementar um ecossistema de inovação

Os sistemas de inovação bem-sucedidos são geralmente caracterizados por uma economia ativa do conhecimento, incluindo pesquisa e desenvolvimento e atividades de inovação acadêmica dos setores público e comercial, além de uma comercialização efetiva. Todos esses elementos devem ser apoiados por mecanismos de política pública flexíveis. Ainda, um ecossistema de inovação de sucesso requer uma cultura de inovação baseada na interação, bem como em oportunidades abertas e em mudanças internacionais.

Portanto, um ecossistema de inovação eficaz pode permitir que empreendedores, empresas, universidades, instituições de pesquisa, investidores e agências governamentais interajam efetivamente para maximizar a influência econômica e desenvolver seu potencial de pesquisa e inovação.

Isso porque, em primeiro lugar, o ecossistema é dinâmico e flexível, ou seja, possibilita que novos entrantes se tornem parte dele com barreiras mínimas de entrada e, ainda, permite que certas partes do ecossistema desapareçam e permaneçam ativas. Em segundo lugar, trata-se de um sistema aberto, independentemente da jurisdição ou região. Por fim, o ecossistema nada tem a ver com sua estrutura e com o escopo e a qualidade das interações dentro dele e entre diferentes ecossistemas.

O grau de flexibilidade e vitalidade, o grau e a qualidade da abertura do ecossistema e suas interações e relacionamentos fornecerão evidências importantes para a saúde do ecossistema de inovação, assim como para a contribuição que este poderá oferecer à região. Tais características fornecem uma estrutura apropriada para analisar ou mapear o ecossistema de inovação.

Para ajudar a compreender o ecossistema de inovação, é útil identificar as principais partes interessadas, os participantes e os contribuintes de tal ecossistema. Isso ajudará a direcionar a discussão para as interações, os relacionamentos importantes e, especialmente, a participação e a interação de empresas inovadoras.

3

Modelos de liderança e seus impactos nas organizações

Conteúdos do capítulo:

- Modelos aplicados de liderança.
- Governança corporativa.
- Impactos da liderança nas equipes de trabalho.
- Capacitação de equipes.

Após o estudo deste capítulo, você será capaz de:

1. entender os principais tipos de liderança;
2. avaliar os estilos de liderança e suas aplicações práticas;
3. visualizar a prática dos modelos de governança;
4. relacionar os aspectos da governança corporativa no Brasil;
5. reconhecer a capacidade de aprendizagem organizacional;
6. compreender as influências do ambiente e as principais tendências;
7. entender o que é o aprendizado eficaz e quais são as formas de capacitação.

Ao longo dos anos, o jogo de negócios passou por significativas transformações, o que tende a continuar a ocorrer como resultado das mudanças observadas na dinâmica econômica global, pois os sistemas econômicos também evoluirão com o passar dos anos, especialmente aqueles refletidos no comportamento do mercado, no comportamento corporativo e no sistema de condições econômicas gerais. Portanto, os líderes devem aceitar e respeitar estritamente a regra de que a liderança é um processo de aprendizagem, não uma posição.

    Os líderes são aprendizes, e alcançar as metas organizacionais e o desenvolvimento de carreira é um processo de aprendizado contínuo. Liderança é a relação entre aqueles que querem liderar e aqueles que optam por seguir um líder. Quando estamos comprometidos em fazer coisas extraordinárias, o mais importante é a qualidade do relacionamento. Assim, é natural olhar para a relação entre liderança e gestão, pois um pessoal bem treinado demonstrará o estilo de vida da organização, bem como o sucesso da empresa e a conquista de metas.

Por outro lado, conforme Robbins (2003), líderes sem propósito são aqueles cujo senso de propósito não os excede. Pode-se dizer que, apesar de seu talento e força, eles não são verdadeiros líderes, pois seus propósitos principais são ganhos materiais puros e reforços pessoais. Por isso, as pessoas ouvirão o líder quando ele falar sobre metas, mas, para levá-las adiante, ele deverá agir com propósito.

Líderes e gerentes definem o ambiente no qual os membros da organização se esforçam para atingir as metas organizacionais. Se os líderes quiserem cumprir suas promessas e atender aos mais altos padrões, eles definirão o próprio caminho. Sob essa ótica, o líder deve ser um modelo a ser seguido pelos outros porque ele deve expressar valores. Líderes inspiram uma visão compartilhada, já que devem envolver outras pessoas no processo e em sua perspectiva.

A gestão se concentra em aspectos como eficiência, planejamento, procedimentos, regulamentos, controle e consistência, enquanto a liderança está relacionada a risco, dinâmica, criatividade, mudança e previsão. A liderança é fundamentalmente uma escolha de valor; portanto, trata-se de uma atividade valiosa, enquanto a gestão não pode ser assim considerada. O líder deve fazer a coisa certa, e o gerente deve fazer a coisa da forma certa. Isso é tratado principalmente na teoria e na prática da liderança organizacional. Portanto, a teoria da liderança aborda o que um líder é (função) e o que ele faz (habilidades).

McDaniel e Gitman (2011) apresentam algumas diretrizes (Figura 3.1) sobre como os líderes e os gerentes podem influenciar o desempenho organizacional por meio de um desempenho eficaz e eficiente. O primeiro estágio da gestão de desempenho é ajudar as pessoas a definir metas ambiciosas, mas realistas, e motivá-las a atingi-las.

Figura 3.1 – Diretrizes que influenciam o desempenho organizacional

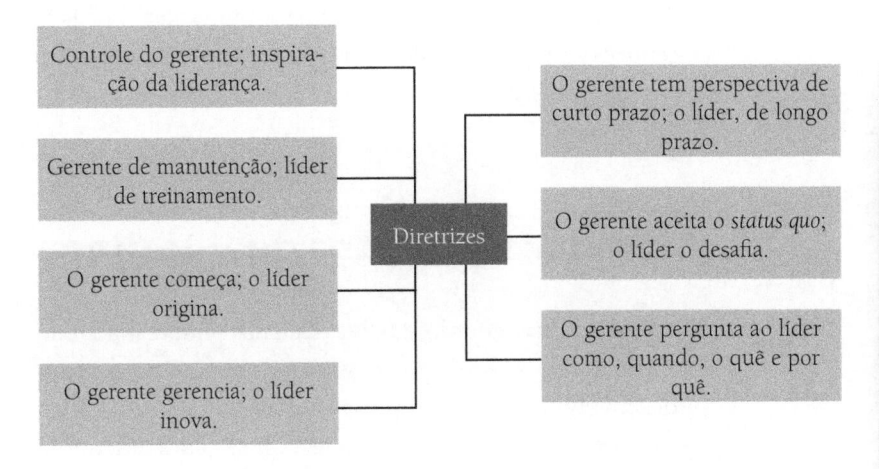

- Controle do gerente; inspiração da liderança.
- Gerente de manutenção; líder de treinamento.
- O gerente começa; o líder origina.
- O gerente gerencia; o líder inova.

Diretrizes

- O gerente tem perspectiva de curto prazo; o líder, de longo prazo.
- O gerente aceita o *status quo*; o líder o desafia.
- O gerente pergunta ao líder como, quando, o quê e por quê.

Fonte: Elaborada com base em McDaniel; Gitman, 2011.

É importante observar que, se um desempenho eficaz for desenvolvido, terá o potencial de gerar sucesso e crescimento de negócios sem paralelo, seja em uma entidade corporativa, seja em uma empresa, seja em outra forma qualquer de organização. Os aspirantes a líderes podem construir grandes empresas e manter uma boa reputação e influência na história da empresa. Um de seus objetivos é formar uma excelente equipe para fomentar continuamente as habilidades de liderança. Nos negócios globais de hoje, o desenvolvimento consciente de líderes capazes e atenciosos é fundamental para a sobrevivência da organização.

Líderes eficazes também podem se comunicar facilmente com indivíduos e grupos e ajustar seus métodos para cada público. Também é importante lembrar que a repetição é uma ferramenta importante, mas é necessário usar palavras e métodos diferentes para que a mensagem não fique desatualizada. Logo, como líder, use imagens e metáforas que vão satisfazer o público. A administração deve comunicar continuamente o desempenho – antes, durante e depois – e definir metas ambiciosas, as quais são de extrema importância. Por isso, incentive o cumprimento de metas e dê recompensas generosas (externas e internas).

3.1 Modelos aplicados de liderança

A liderança é uma abordagem fixa. Estamos sempre mudando e aprimorando a forma como ajudamos a relatar e orientar o desenvolvimento da empresa. Porém, para ser um líder melhor, é preciso saber onde se está hoje. Para ajudá-lo a compreender o impacto da atuação das diferentes categorias de liderança, explicaremos os tipos mais comuns atualmente e sua forma de ação.

3.1.1 Tipos de liderança

De acordo com Robbins (2003), a liderança deve ser levada em consideração como uma função exercida ou como uma atividade de gestão. Há algum líder formal que realmente exerce liderança enquanto outros são apenas gerentes? Robbins responde a essa questão, baseado em John Kotter, da Universidade de Harvard:

> Um bom gerente é aquele que propicia ordem e consistência mediante a elaboração de planos formais, a concepção de estruturas organizacionais rígidas e o

acompanhamento dos resultados alcançados em comparação com os resultados planejados. A liderança, por outro lado, diz respeito a lidar com a mudança. Os líderes estabelecem a direção mediante a formulação de uma visão do futuro; em seguida, eles arregimentam as pessoas comunicando-lhes essa visão e inspirando-as a superar barreiras. Tanto a liderança como o gerenciamento fortes são vistos por Kotter como necessários para otimizar a eficácia organizacional, mas Kotter acredita que a maioria das organizações é subliderada e supergerenciada. Ele afirma que é preciso concentrar mais o foco no desenvolvimento da liderança nas organizações, porque as pessoas que hoje exercem tais cargos estão preocupadas demais em cumprir prazos e orçamentos e em fazer o que era feito ontem, apenas melhorando 5%. (Robbins, 2003, p. 371)

Considerando essas questões, elencamos, na Figura 3.2, vários tipos de liderança que podem ser verificados nas empresas atualmente.

FIGURA 3.2 – Tipos de liderança verificados atualmente

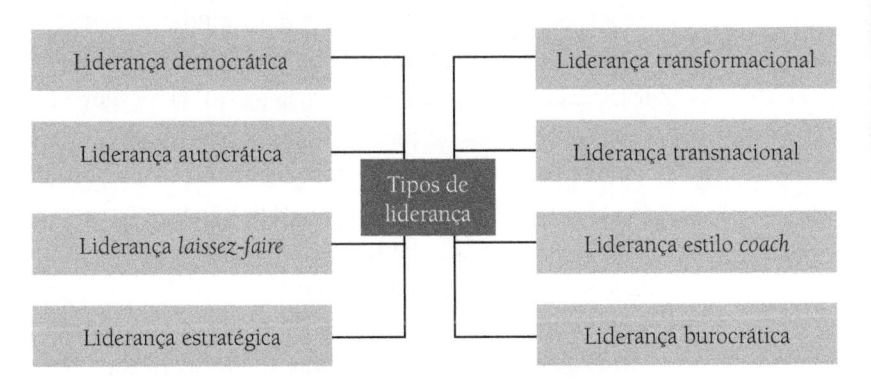

Tipos de liderança	
Liderança democrática	Liderança transformacional
Liderança autocrática	Liderança transnacional
Liderança *laissez-faire*	Liderança estilo *coach*
Liderança estratégica	Liderança burocrática

A seguir, analisamos isoladamente cada um desses tipos.

- **Liderança democrática**: esse tipo de liderança soa assim: os líderes tomam decisões com base nas contribuições de cada membro da equipe, e cada funcionário tem uma palavra a dizer na direção do projeto. A liderança democrática é uma das formas mais eficazes porque permite que os funcionários de nível inferior exerçam uma autoridade que usarão com sabedoria nas posições a serem assumidas no futuro. Isso também é semelhante à forma como as decisões são tomadas nas reuniões do conselho da empresa. Por exemplo, em uma reunião, um líder democrático pode fornecer à equipe algumas opções de tomada de decisão. Em seguida, todos discutem cada opção e, depois, o líder pode considerar as ideias e opiniões da diretoria ou colocar a decisão em votação.
- **Liderança autocrática**: esse tipo de liderança diz respeito à reversão da liderança democrática, pois, ao tomar uma decisão, o líder não recebe nenhuma contribuição de ninguém que se reporte a ele. Não considera ou consulta funcionários, não busca suas opiniões e não espera que eles tomem decisões com base no tempo e horário estabelecidos. Por exemplo, o gerente muda os turnos de trabalho de vários funcionários sem consultar ninguém (especialmente os funcionários afetados). Honestamente, esse estilo de liderança é irritante. Na atualidade, a maioria das organizações não consegue manter essa cultura hegemônica sem perder funcionários. É mais interessante deixar o líder mais aberto aos talentos e às perspectivas dos outros membros da equipe.
- **Liderança *laissez-faire***: se você se lembra do conceito *laissez-faire* que estudou durante o ensino médio, pode concluir que essa liderança é a menos suscetível a interferências. O termo, em francês, significa literalmente

"deixe-os fazer", e o líder que adota esse estilo de liderança delega quase todo o poder aos funcionários. Por exemplo, em uma jovem *startup*, você verá o fundador de uma empresa *laissez-faire* que não tem uma boa política de escritório em termos de horas de trabalho ou prazos. Quando os líderes se concentram na operação geral da empresa, deixam que os funcionários tentem aprimorar suas habilidades à sua própria maneira. Isso limitará seu desenvolvimento e ignorará as principais oportunidades de desenvolvimento da empresa.

- **Liderança estratégica**: os líderes estratégicos estão na interseção entre as principais operações da empresa e as oportunidades de crescimento. Geralmente, estão sob pressão de interesses administrativos para garantir que as condições momentâneas de trabalho permaneçam estáveis para os outros. Em muitas organizações, essa é uma forma ideal de liderança, porque o pensamento estratégico pode apoiar vários tipos de funcionários ao mesmo tempo. No entanto, um líder que opera dessa forma pode abrir um precedente perigoso em relação ao número de pessoas que são apoiadas ao mesmo tempo. Se todos sempre conseguem o que desejam, qual é a melhor direção para a empresa?
- **Liderança transformacional**: os líderes transformacionais sempre "reformam" e melhoram o comportamento da empresa. Os funcionários podem ter um conjunto de tarefas e metas básicas para completar semanal ou mensalmente, mas os líderes continuam a empurrá-los para fora de sua zona de conforto. Ao trabalharem com esse tipo de líder, todos os colaboradores têm acesso a uma lista de metas a serem alcançadas e prazos para atingi-las. Embora tais metas possam parecer simples no início, à medida que o colaborador cresce na empresa, os gerentes podem acelerar prazos ou apresentar metas cada vez mais

desafiadoras. Em organizações que buscam crescimento, esse tipo de liderança é fortemente incentivado porque motiva os funcionários a compreender suas habilidades. Contudo, se os subordinados não forem devidamente treinados para assumir novas responsabilidades, os líderes transformacionais poderão ignorar a curva de aprendizado de todos.

- **Liderança transacional**: os líderes que trabalham com esse estilo de liderança recompensam os funcionários por seu trabalho. Por exemplo, a equipe de *marketing* recebe um bônus predeterminado para ajudar a atrair um grande número de clientes em potencial antes do final do trimestre. Ao trabalhar com um gerente de negócios, você receberá um plano de incentivos que o motivará a dominar rapidamente as tarefas diárias. Se você trabalha com *marketing*, poderá obter recompensas enviando dez *e-mails* de *marketing*. Por outro lado, se seu trabalho resultar em assinaturas de muitos boletins informativos, o líder transformacional só poderá fornecer um bônus. A liderança transacional ajuda a determinar as funções e responsabilidades de cada funcionário, porém, se os colaboradores souberem quanto vale seu trabalho, então isso também poderá incentivar uma menor quantidade de trabalho. Esse estilo de liderança pode se valer de planos de incentivos para motivar os funcionários, mas deve ser consistente com as metas da empresa e usado para avaliações não planejadas.

- **Liderança estilo *coach***: da mesma forma que o treinador de uma equipe esportiva, esse líder se concentra em identificar e nutrir os pontos fortes de cada integrante de sua equipe. Ele também se concentra em estratégias por meio das quais sua equipe trabalhará melhor em conjunto. Tal estilo mantém fortes semelhanças com as lideranças estratégica e democrática, mas dá mais ênfase ao crescimento e ao sucesso de cada funcionário. Em vez de forçar todos os colaboradores a focar habilidades e objetivos semelhantes, esse líder pode construir uma equipe em que cada funcionário tenha uma experiência ou um conjunto de habilidades diferentes. No longo prazo, ele volta sua atenção para a criação de equipes fortes que podem comunicar-se bem e abraçar os conjuntos exclusivos de habilidades para realizar o trabalho. Um gerente com esse estilo de liderança pode ajudar os funcionários a melhorar seus pontos fortes, dando-lhes novas tarefas para experimentar, oferecendo-lhes orientação ou reunindo-se com eles para discutir um *feedback* construtivo. Por fim, o líder estilo *coach* também pode encorajar um ou mais membros da equipe a expandir seus pontos fortes, aprendendo novas habilidades com outros colegas de equipe.

- **Liderança burocrática**: os líderes burocráticos seguem os livros. Esse estilo de liderança pode ouvir e considerar a opinião dos funcionários – ao contrário da liderança autocrática –, mas o líder tende a rejeitar a opinião de um funcionário se ela entrar em conflito com a política da empresa ou com práticas anteriores. Você pode encontrar um líder burocrático em uma empresa maior, mais antiga ou tradicional. Em organizações dessa natureza, quando um colega ou funcionário propõe uma estratégia forte que parece nova ou não tradicional, os líderes burocráticos podem rejeitá-la. A resistência deles pode ocorrer porque a empresa já teve sucesso com os processos atuais e, nesse sentido, tentar algo novo pode levar ao desperdício de tempo ou de recursos. Os funcionários que trabalham sob esse estilo de liderança podem não se sentir tão controlados quanto seriam sob a liderança autocrática. No entanto, falta liberdade em relação ao quanto as pessoas são capazes de desempenhar em suas funções. Isso pode interromper rapidamente a inovação e, definitivamente, não é indicado para empresas que buscam metas ambiciosas e crescimento rápido.

Salientamos que esses não são todos os tipos de liderança que existem, e sim os que estão mais adequados à abordagem que optamos por fazer nesta obra.

3.1.2 Avaliação dos estilos de liderança

Os líderes podem apresentar uma combinação dos estilos de liderança apresentados, a depender do setor do qual fazem parte e dos obstáculos que enfrentam. Na raiz desses estilos estão o que chamamos de *lógicas de ação*, as quais dizem respeito à maneira como os líderes interpretam seus arredores e reagem quando seu poder ou sua segurança são desafiados.

Segundo Robbins (2003), essa é a ideia por trás do Perfil de Desenvolvimento de Liderança, uma ferramenta popular de pesquisa de gestão que foi criada pelo professor Bill Torbert e pela psicóloga Susanne Cook-Greuter. Esse método se baseia em um conjunto de 36 tarefas de conclusão de frases abertas para ajudar os pesquisadores a entender melhor como os líderes se desenvolvem e crescem.

Na pesquisa apresentada no livro de Robbins (2003), são descritas seis lógicas de ação usando-se palavras abertas (Figura 3.3).

FIGURA 3.3 – Lógicas de ação de avaliação de liderança

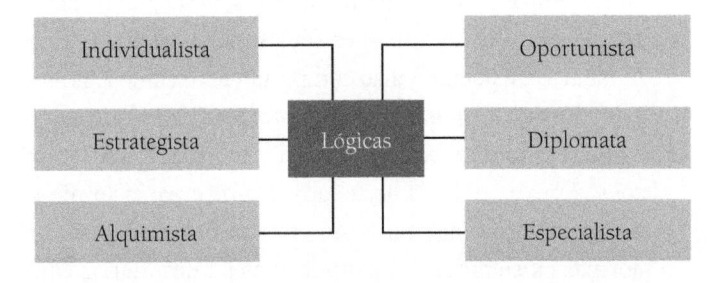

```
┌──────────────────┐         ┌──────────────────┐
│  Individualista  │────┐ ┌──│    Oportunista   │
└──────────────────┘    │ │  └──────────────────┘
┌──────────────────┐  ┌─┴─┴─┐ ┌──────────────────┐
│    Estrategista  │──│Lógicas│─│    Diplomata   │
└──────────────────┘  └─┬─┬─┘ └──────────────────┘
┌──────────────────┐    │ │  ┌──────────────────┐
│    Alquimista    │────┘ └──│    Especialista  │
└──────────────────┘         └──────────────────┘
```

FONTE: Elaborada com base em Robbins, 2003.

Veja o quanto você concorda com cada palavra e, no final, descubra qual estilo de liderança você defende com base nas lógicas de ação.

1. O **individualista** é autoconsciente, criativo e focado principalmente em suas próprias ações e em seu desenvolvimento em oposição ao desempenho organizacional geral. Essa lógica de ação é excepcionalmente impulsionada pelo desejo de superar objetivos pessoais e melhorar constantemente suas habilidades.
2. Os **estrategistas** estão perfeitamente cientes dos ambientes em que operam. Eles têm um conhecimento profundo das estruturas e dos processos que fazem seus negócios funcionar, mas também são capazes de considerar criticamente tais estruturas e avaliar o que poderia ser melhorado.
3. O que distingue os **alquimistas** de outras lógicas de ação é sua capacidade única de ver o quadro geral, além de compreender totalmente a necessidade de levar os detalhes a sério. Sob a atuação de um líder alquimista, nenhum departamento ou funcionário é esquecido. Essa lógica de ação carismática é a mais desenvolvida e eficaz no gerenciamento de mudanças organizacionais.

4. **Oportunistas** são guiados por um certo nível de desconfiança em relação aos outros e apresentam uma "fachada" de controle para manter seus funcionários na linha. Tendem a considerar o mau comportamento como legítimo.
5. Ao contrário do oportunista, o **diplomata** não se preocupa com a competição ou em assumir o controle das situações. Em vez disso, busca causar um impacto mínimo na organização, mantendo-se em conformidade com as normas existentes e concluindo suas tarefas diárias com o mínimo de atrito possível.
6. O **especialista** é um profissional em sua área de atuação que sempre se esforça para aperfeiçoar seu conhecimento sobre determinado assunto e atua para atender às próprias expectativas. É descrito como um talentoso colaborador individual e uma fonte de conhecimento para a equipe. Porém, essa lógica de ação carece de algo central para muitos bons líderes: inteligência emocional.

Lembre-se de que tais lógicas de ação são consideradas estágios de desenvolvimento e não atributos fixos. A maioria dos líderes transitará por vários tipos de liderança ao longo de sua carreira.

3.2 Governança corporativa

A governança corporativa deve orientar e controlar as regras, as práticas e os sistemas de processos da empresa, bem como envolver essencialmente o equilíbrio dos interesses das várias partes interessadas, como governos, acionistas, alta administração, financiadores, clientes, fornecedores e comunidades.

É importante levar em consideração que, uma vez que a governança corporativa fornece uma estrutura para que a organização possa atingir seus objetivos, ela passa a cobrir quase todas as áreas de gestão, desde planos de ação e controles internos até o desempenho.

Dessa forma, a governança corporativa se refere especialmente a um conjunto de regras, controles, políticas e resoluções formuladas para governar o comportamento de uma empresa. Os acionistas, no papel do conselho de administração, são as partes interessadas mais importantes nesse processo, pois influenciam indiretamente a gestão e são, ao mesmo tempo, exemplos da própria gestão. Assim, o conselho de administração é fundamental para a governança corporativa de qualquer empresa e pode ter um impacto relevante nas avaliações institucionais.

Sob essa ótica, a governança corporativa é muito importante para os investidores, pois mostra a integridade das operações da organização. Nesse sentido, uma boa governança corporativa ajuda as empresas a ganhar a confiança dos investidores e da sociedade. Portanto, ela ajuda a melhorar a lucratividade financeira, criando oportunidades de investimento de longo prazo para os participantes do mercado.

Transmitir os principais efeitos da governança corporativa de uma empresa é um dos elementos-chave das relações sociais corporativas. Nessa perspectiva, Rossetti e Andrade (2019) assim caracterizam a governança corporativa:

- A governança corporativa é a estrutura de regras, práticas e processos usados para dirigir e administrar uma empresa.
- O conselho de administração de uma empresa é a principal força que influencia a governança corporativa.
- A má governança corporativa pode lançar dúvidas sobre as operações de uma empresa e sua lucratividade final.
- Ela abrange as áreas de conscientização ambiental, comportamento ético, estratégia corporativa, remuneração e gestão de risco.

- Os princípios básicos da governança corporativa são prestação de contas, transparência, justiça e responsabilidade.

A maioria das empresas procura buscar altos níveis de governança corporativa. Para muitos acionistas, não basta que uma organização seja lucrativa; ela também deve demonstrar boa cidadania corporativa por meio da consciência ambiental, do comportamento ético e de práticas sólidas de governança corporativa. Assim, trata-se de criar um conjunto claro de regras e controles por meio do qual acionistas, diretores e funcionários ajustam as medidas de incentivo.

3.2.1 Os quatro Ps da governança corporativa

A governança corporativa é algo extremamente complexo. Mesmo aqueles que construíram suas carreiras em áreas nas quais a governança é uma necessidade podem não compreender totalmente tudo o que ela abrange. Por isso, muitos especialistas em governança identificam quatro conceitos em que ela deve se pautar (Figura 3.4).

Figura 3.4 – Os quatro Ps da governança

```
                    ┌──── Pessoas
                    │
                    ├──── Propósito
    Os quatro Ps ───┤
                    ├──── Processo
                    │
                    └──── Performance
```

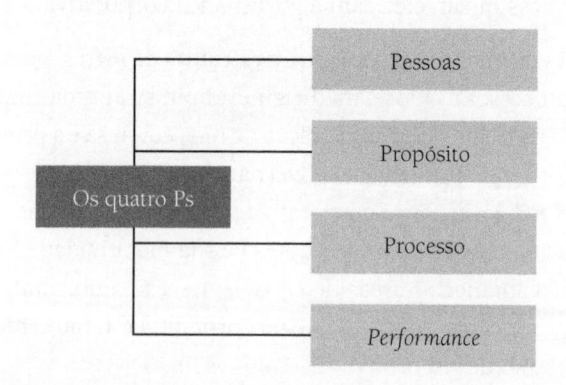

Os quatro Ps da governança corporativa nada mais são do que um tipo de filosofia que explica por que a governança existe e como funciona. Eles se referem aos seguintes princípios:

- **Pessoas**: as pessoas vêm em primeiro lugar porque estão presentes em todos os lados da equação de negócios: fundadores, conselho, *stakeholders* e consumidores. Pessoas são os organizadores que determinam um propósito pelo qual trabalhar, desenvolvem um processo consistente para alcançá-lo, avaliam seus resultados de desempenho e usam esses resultados para crescer.
- **Propósito**: cada parte da governança existe para um propósito que seja possível de ser atingido. O propósito deve ser visto como um dos princípios orientadores da organização, é o pequeno passo no caminho para completar a grande meta a ser seguida. Pode parecer inútil digitar atas de uma reunião que parecia irrelevante, mas tais atas e todas as outras formas de governança, colocadas em prática em determinada reunião, contribuem para tornar o negócio eficaz no cumprimento de seu propósito.
- **Processo**: governança diz respeito ao processo pelo qual as pessoas alcançam o propósito de sua empresa, e tal processo é desenvolvido por meio da análise de desempenho. Os processos são refinados ao longo do tempo para atingir seus objetivos de forma consistente, e é sempre bom ter um olhar crítico para eles: Podem ser simplificados? Estão atingindo seu propósito com eficiência? É trabalhoso fazer com que os processos funcionem, mas, quando isso ocorre, é possível entender de que forma eles podem ajudar a organização a crescer.
- **Performance**: a análise de desempenho, ou *performance*, é uma habilidade-chave em qualquer setor. A capacidade de observar os resultados de um processo e determinar se foi bem-sucedido (ou suficientemente bem-sucedido)

e, em seguida, aplicar essas descobertas ao restante da organização é uma das funções principais do processo de governança.

O ciclo dos 4 Ps gira infinitamente para desenvolver habilidades pessoais em todos os funcionários.

3.2.2 Governança corporativa no Brasil

De acordo com Silva (2016), o regime de governança corporativa que é aplicável às companhias abertas brasileiras é estabelecido pela Lei das Sociedades por Ações, pelas normas emitidas pela Comissão de Valores Mobiliários (CVM) e pelas normas de listagem emitidas pela Bolsa de Valores do Brasil (B3) para cada um de seus segmentos de listagem.

Entre as deliberações da CVM, Rossetti e Andrade (2019) destacam as seguintes:

- Portaria n. 480/2009, a qual criou o formulário de referência, documento que contém informações detalhadas sobre uma empresa e que deve ser atualizado ao menos uma vez por ano.
- Instrução n. 481/2009, a qual dispõe sobre as informações que devem ser obrigatoriamente divulgadas pelas companhias abertas em caráter ordinário e extraordinário.
- Instrução n. 586/2017, a qual estabelece a obrigação das companhias abertas de divulgar anualmente o Código Brasileiro de Governança Corporativa – Companhias Abertas, em que se deve indicar, em relação à cada recomendação de tal código, se a empresa estava em conformidade e, caso contrário, fornecer uma explicação para a não

conformidade (ou seja, uma abordagem de conformidade ou explicação).

Quanto aos segmentos de listagem B3, o Novo Mercado corresponde aos mais elevados padrões de governança corporativa, seguido pelos Níveis 2 e 1. Além disso, o Bovespa Mais é um mercado de balcão organizado e administrado pelo B3, criado para que pequenas e médias empresas possam acessar o mercado de capitais. É da competência da CVM, órgão federal independente subordinado ao Ministério da Fazenda, supervisionar e fiscalizar o cumprimento da Lei das Sociedades por Ações e das normas expedidas pela CVM pelas companhias abertas. Essa fiscalização pode resultar na imposição de multas e restrições às empresas e a seus administradores.

O B3 é responsável por supervisionar o cumprimento de suas regras de listagem e tem autoridade para impor às empresas e a seus administradores multas contratuais e outras sanções, como suspensão e exclusão da negociação de ações no ambiente B3.

A maioria das companhias abertas brasileiras não tem ações amplamente distribuídas, mas, nos últimos anos, tem havido uma tendência da CVM de estimular a participação dos acionistas minoritários na governança das empresas por meio da criação de um mecanismo que possibilite a todos os acionistas votar eletronicamente antes de qualquer assembleia de acionistas.

Como resultado da redução progressiva da taxa básica de juros a cada ano desde outubro de 2016, quando foi reduzida de 14,25% para 14% ao ano, os investidores que costumavam investir em produtos de renda fixa têm migrado para investimentos de capital, de forma a não sofrer redução no retorno de seus investimentos. A taxa básica de juros no Brasil atingiu sua menor taxa até hoje em janeiro de 2021, de 2% ao ano.

Além disso, em 2020, houve um *boom* no mercado de capitais brasileiro, com 27 ofertas públicas iniciais (a maior desde 2007), e a maioria das novas companhias foi listada no segmento do Novo Mercado.

3.2.3 Exemplos negativos de governança corporativa

Um investidor deseja garantir que a empresa na qual pretende investir tenha ações pautadas em práticas de boa governança corporativa, na esperança de evitar perdas, como nos casos das organizações Enron e WorldCom.

Existem certas áreas nas quais um investidor pode se concentrar para determinar se uma empresa está ou não praticando uma boa governança corporativa. A seguir, apresentamos alguns exemplos negativos de atuação da governança corporativa no mundo.

PepsiCo

Uma empresa que tem praticado consistentemente boa governança corporativa e busca atualizá-la com frequência é a PepsiCo. Ao redigir sua declaração de procuração para 2020, a organização aproveitou a opinião dos investidores para se concentrar em seis áreas: composição do conselho, diversidade e renovação e estrutura de liderança; estratégia de longo prazo, objetivo corporativo e questões de sustentabilidade; boas práticas de governança e cultura corporativa ética; gerenciamento de capital humano; discussão e análise de compensação; e engajamento de acionistas e partes interessadas.

A empresa incluiu em sua declaração de procuração um gráfico lado a lado que representava a estrutura de liderança atual, mostrando um presidente e um CEO combinados com um diretor-presidente independente, além de uma ligação entre a compensação da visão "Vencer com propósito" da empresa e de mudanças no programa de remuneração de executivos.

Volkswagen AG

A má governança corporativa pode lançar dúvidas sobre a confiabilidade, a integridade ou a obrigação de uma empresa para com os acionistas, e tudo isso pode ter implicações na saúde financeira da organização. A tolerância ou o apoio a atividades ilegais pode criar escândalos, como o que abalou a Volkswagen AG a partir de setembro de 2015.

O desenvolvimento dos detalhes de Dieselgate (como o caso veio a ser conhecido) revelou que durante anos a montadora havia deliberada e sistematicamente manipulado o equipamento de emissão do motor em seus carros para alterar os resultados dos testes de poluição na América e na Europa. A Volkswagen viu suas ações terem uma perda de quase metade de seu valor nos dias que se seguiram ao início do escândalo, e suas vendas globais no primeiro mês completo após a notícia caíram 4,5%.

A estrutura do conselho da VW foi a razão pela qual ocorreu a manipulação de emissões e esta não foi detectada antes. Em contraste com um sistema de conselho de uma camada comum na maioria das empresas, a VW tem um sistema de duas camadas, que consiste em um conselho de administração e um conselho de supervisão. O conselho fiscal tinha a função de fiscalizar a gestão e aprovar as decisões corporativas, mas carecia de independência e autoridade para exercê-la.

O conselho fiscal era composto por grande parte dos acionistas. Noventa por cento dos direitos de voto dos acionistas eram controlados por membros do conselho fiscal. Não havia um supervisor independente real; os acionistas estavam no controle do conselho fiscal, o que anulou o objetivo do conselho fiscal, que era supervisionar a administração e os funcionários e a forma como eles operavam dentro da empresa, o que obviamente incluía manipulação de testes de emissões.

Enron e WordCom

A preocupação do público e do governo com a governança corporativa é instável; pode aumentar e diminuir. Frequentemente, porém, revelações de prevaricação corporativa reavivam o interesse pelo assunto. Por exemplo, a governança corporativa tornou-se uma questão urgente nos Estados Unidos na virada para o século XXI, depois que práticas fraudulentas levaram à falência empresas importantes como Enron e WorldCom.

O problema com a Enron foi que seu conselho de diretores renunciou a muitas regras relacionadas a conflitos de interesse, permitindo que o diretor financeiro, Andrew Fastow, criasse parcerias privadas independentes para fazer negócios. Tais parcerias foram usadas para esconder dívidas e passivos da empresa, o que teria reduzido significativamente os lucros.

O que aconteceu na Enron foi claramente uma falta de governança corporativa, que deveria ter impedido a criação das entidades que esconderam as perdas. A organização também tinha uma atmosfera corporativa que contava com pessoas desonestas no topo (como Andrew Fastow) e, até mesmo, comerciantes que faziam movimentos ilegais nos mercados.

Os escândalos da Enron e da WorldCom resultaram na aprovação, em 2002, da Lei Sarbanes-Oxley, que impôs requisitos mais rígidos de manutenção de registros às empresas, juntamente com penalidades criminais severas por violá-las e outras leis de valores mobiliários. O objetivo era restaurar a confiança geral nas empresas públicas e no modo como operam.

É comum sabermos de péssimos exemplos de governança corporativa, principalmente por ser esse o motivo de algumas empresas estourarem e acabarem no noticiário. Por outro lado, é raro ouvirmos falar de organizações com boa governança corporativa, porque é esta que as mantém fora do noticiário, protegidas da ocorrência de escândalos.

3.3 Impactos da liderança nas equipes de trabalho

Que tipo de liderança é mais eficaz? O debate sobre a resposta ideal para essa questão se arrasta há anos. Especialistas em liderança sugerem diferentes modelos de liderança e explicam os motivos pelos quais determinada abordagem funciona. Agora, cabe questionar: Como muitas equipes estão passando por mudanças rápidas (trabalho em *home office*, reestruturação, novos propósitos etc.), qual liderança é melhor para apoiar e melhorar o desempenho da equipe no clima atual?

Segundo Robbins (2003), não se trata de um tipo de liderança melhor ou pior que outro, mas do momento oportuno para usar determinado estilo. O autor apresenta dois estilos distintos de liderança: aquele em que uma direção clara é dada à equipe e aquele em que os membros podem tomar as próprias decisões.

Líderes que são capazes de usar o próprio conhecimento e desenvolver a inteligência emocional dos outros para entender seus comportamentos conseguem maximizar o engajamento e o desempenho de suas equipes. Isso é especialmente verdadeiro com relação a equipes globais ou remotas, nas quais os problemas são amplificados muito rapidamente em virtude da falta de contato pessoal, o que destaca diferentes personalidades, culturas de trabalho e motivações.

Dessa forma, entender e gerenciar a dinâmica de uma equipe é uma arte delicada. Para Chiavenato (2014), existem três etapas simples que os líderes podem seguir para facilitar esse processo (Figura 3.5).

Figura 3.5 – Etapas a serem seguidas para os líderes

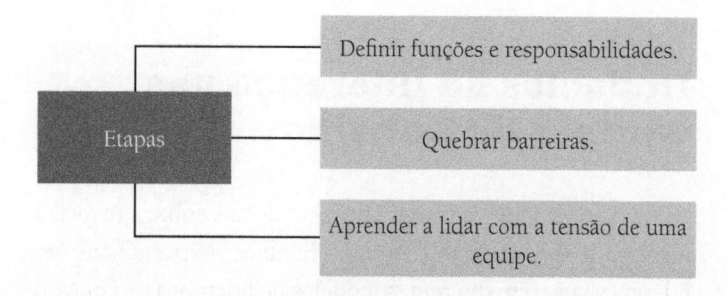

```
                    ┌─── Definir funções e responsabilidades.
                    │
         Etapas ────┼─── Quebrar barreiras.
                    │
                    └─── Aprender a lidar com a tensão de uma
                         equipe.
```

Fonte: Elaborada com base em Chiavenato, 2014.

Para **definir funções e responsabilidades**, a equipe deve ter papéis e atribuições claramente definidos e alinhados com sua visão e seus objetivos. Estruturas claras ajudam a construir confiança e um forte comprometimento da equipe, além de fornecerem uma poderosa identidade ao time e boa comunicação entre seus integrantes. As equipes que não têm funções e responsabilidades claras podem desenvolver rapidamente uma dinâmica deficiente, pois nesse contexto as pessoas acabam tendo de se esforçar em dobro para entender seu papel no grupo.

Para **quebrar barreiras**, pode-se usar exercícios de construção de equipes para entender o que motiva os indivíduos e desenvolver neles uma inteligência emocional de negócios. Também é possível recorrer a exercícios que facilitem a entrada de novos colegas e também ajudem a equipe a compreender a natureza subjacente das emoções que afetam seu comportamento e seu desempenho.

Por fim, para **aprender a lidar com a tensão de uma equipe**, é necessário fornecer um *feedback* que mostre aos integrantes o impacto do que estão dizendo, incentivando-os a refletir sobre como podem mudar seus comportamentos.

3.3.1 Capacidade de aprendizagem organizacional

A capacidade de aprendizagem organizacional surgiu como uma competência essencial para organizações capazes de avaliar seu ambiente a fim de identificar oportunidades, ameaças e pressões para mudanças. Esse tipo de aprendizagem significa desenvolver competências estratégicas por meio do aprendizado em todos os níveis da organização. Vários estudos têm mostrado que o aprendizado organizacional afeta a vantagem competitiva das empresas, bem como os desempenhos financeiro e não financeiro, além de ter um importante papel nos benefícios tangíveis e intangíveis das alianças estratégicas, no custo unitário de produção e na inovação.

Para Takeuchi e Nonaka (2008), a capacidade de aprendizagem da organização estabelece os níveis em que podem ser aplicadas práticas de gestão mantendo-se uma estrutura e procedimentos precisos e apropriados que possibilitem melhorar, facilitar e promover o aprendizado. Nessa perspectiva, acreditamos que o crescimento dessas práticas promoverá maior capacidade de aprendizado em toda a empresa.

A perspectiva do sistema envolve orientar a organização e seus membros em direção a uma identidade comum. Indivíduos de todos os níveis devem ter uma visão clara dos objetivos e entender como podem ajudar para o desenvolvimento destes. Esforçar-se por um clima de abertura e experimentação requer aprendizagem generativa e abertura mental, a fim de acolher novas ideias e perspectivas tanto internas quanto externas. Isso permite a atualização constante, a expansão e o aprimoramento do conhecimento individual.

Há uma dimensão da capacidade de aprendizagem organizacional que se refere a dois processos intimamente relacionados e simultâneos: a transferência interna e a integração do conhecimento. A eficácia desses dois processos se baseia na existência prévia de uma capacidade de absorção, o que implica a eliminação de barreiras internas que impedem a transferência das melhores práticas para dentro da empresa.

3.3.2 Influências do ambiente

Não há como negar que o trabalho em equipe é extremamente importante para o desempenho organizacional, além de ser essencial para competir com o sucesso no ambiente extremamente competitivo que vivenciamos na atualidade.

No entanto, construir e gerenciar um grupo de trabalho como uma equipe totalmente integrada e unificada é uma tarefa assustadora, que gera forte impacto no desempenho dos negócios. Isso foi reconhecido por pesquisadores e profissionais e documentado em estudos formais.

Apesar de serem bem estabelecidos os conhecimentos sobre o trabalho em equipe convencional e a liderança de equipe, a expansão do papel das equipes no mundo do negócios globalmente conectado criou um novo conjunto de desafios, além de ter gerado a necessidade de pesquisas mais específicas sobre a dinâmica das equipes de projeto em um ambiente geograficamente e culturalmente distribuído, o qual também está associado a altos níveis de complexidade do projeto.

À medida que as empresas tentam alavancar seus orçamentos e acelerar seus cronogramas, elas vão formando alianças, consórcios e parcerias com outras organizações, universidades e agências governamentais. Tais colaborações variam dos simples acordos cooperativos à inovação aberta, que se refere à prospecção de novos produtos e ideias de serviço em qualquer lugar do mundo. Além disso, essas colaborações estendem consideravelmente as capacidades da equipe, bem como criam desafios adicionais de gerenciamento, especialmente em comunicação, integração de trabalho e unificação de liderança de equipe.

As influências do ambiente no trabalho em equipe são altamente complexas e geograficamente dispersas. Como exemplos, podemos citar o Yahoo!, que criou um novo motor de busca; a Sony, quando desenvolveu um novo console (o PlayStation); a Organização Mundial da Saúde (OMS), que lançou um novo sistema de informação; a Nasa, com suas missões interplanetárias etc.

Os exemplos apresentados abrangem várias linhas organizacionais que conectam um amplo espectro de pessoas, grupos de suporte, contratados, parceiros e clientes, criando um ambiente de negócios caracterizado por alta velocidade, mudanças e incertezas. Provavelmente, a implementação desses "empreendimentos complexos" – se é que podemos chamar dessa forma os exemplos citados – requer muita inovação e criatividade. Portanto, os processos de trabalho devem ir além da execução linear dos planos estabelecidos.

Embora alguns problemas possam ser resolvidos com procedimentos estabelecidos e tecnologia disponível, outros precisam de uma certa solução adaptativa. Nessa ótica, a equipe que dispõe de integrantes com habilidades diversas necessárias geralmente vem de várias funções e locais, com diferentes culturas e interesses e muito pouca experiência de trabalho em conjunto (Valença, 2017).

Para facilitar esse tipo de solução de problemas, é necessário promover um aprendizado organizacional e uma liderança adaptativa, a fim de criar um ambiente propício para unificar a equipe e apoiar a resolução de problemas complexos. Frequentemente, isso requer mudanças nos processos de trabalho e ajustes nos planos, bem como a modificação do ambiente do projeto, com o objetivo de que ele se torne campo fértil para lidar com conflitos, riscos e incertezas inevitáveis.

Assim, os líderes de equipe, para serem eficazes em um ambiente tão dinâmico e frequentemente turbulento, devem ser social e tecnicamente competentes. Esse é um argumento apoiado por um número crescente de gerentes e pesquisadores que apontam o lado humano como a parte mais desafiadora.

3.3.3 Principais tendências

Podemos destacar muitas tendências do impacto da liderança nas equipes de trabalho, principalmente por serem globais e importantes para empresas de todos os tamanhos. Dessa forma, selecionamos somente oito delas (Figura 3.6) para podermos nos aprofundar nessa questão.

FIGURA 3.6 – Tendências do impacto da liderança nas equipes de trabalho

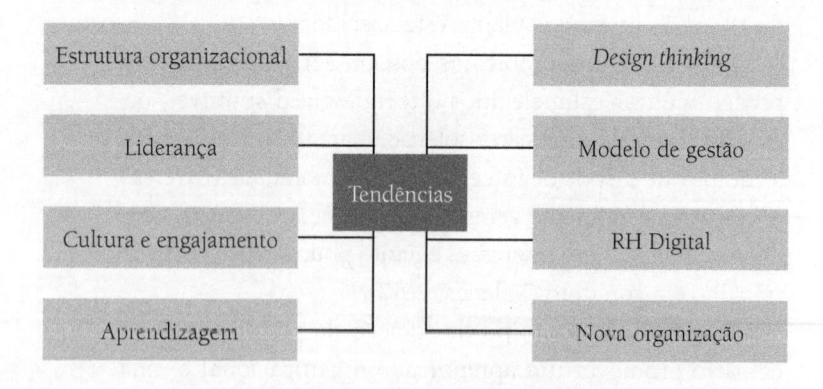

Estrutura organizacional		Design thinking
Liderança	Tendências	Modelo de gestão
Cultura e engajamento		RH Digital
Aprendizagem		Nova organização

Na sequência, vamos analisar cada uma dessas tendências.

Estrutura organizacional

São poucas as empresas com mais de 5 mil funcionários que atualmente estão organizadas de forma funcional. Os impulsionadores dessa tendência são a tecnologia digital, a transparência da informação, a demografia e a interrupção dos negócios. Em contrapartida, essa nova estrutura baseada em equipes tem atraído a geração do milênio, impulsionando a inovação e o atendimento ao cliente. Podemos considerar que ela pode ser utilizada para o uso generalizado de tecnologia digital no compartilhamento de informações.

Muitos de nós nos lembramos das organizações matriciais antiquadas populares na década de 1980. Hoje em dia, a matriz faz uma empresa parecer mais com uma série de filmes, em que as pessoas têm habilidades e conhecimentos funcionais e trabalham em um projeto para realizar um trabalho. Como eles aprendem e a empresa se adapta, passam os aprendizados para outra equipe com o tempo.

Embora ainda haja executivos seniores nas empresas, a liderança se tornou uma espécie de "esporte" de equipe, pois os líderes não devem apenas inspirar e alinhar os integrantes dos times, mas também ser bons em conectar equipes e compartilhar informações.

Liderança

Um dos principais problemas que as empresas enfrentam atualmente é a liderança. Mas por que ela pode ser considerada um problema tão sério? Simplesmente porque os líderes de que precisamos hoje devem ser ágeis, aprender rápido e estar conectados com toda a organização. Equipes de atendimento ao cliente, de vendas ou de *marketing* são geralmente comandadas por líderes de nível médio, muitos dos quais cresceram na função. É fundamental que eles tenham habilidades práticas de liderança tanto para liderar a equipe quanto para operar entre as equipes. Esse é um conjunto de habilidades que nem sempre está presente na organização hierárquica antiquada.

Nos dias atuais, muitas organizações não têm mais espaço para os antigos "gerentes gerais". Se os líderes não são funcionais e práticos, as empresas não precisam mais deles. As informações fluem facilmente entre equipes e cidades, e não é mais necessário contar com gerentes intermediários para gerar relatórios e dizer quando uma equipe está atrasada ou problemas estão ocorrendo.

A grande mudança diz respeito ao afastamento da liderança posicional para a liderança de equipe por meio de experiência, paixão, energia e capacitação. Os líderes da nova organização devem criar seguidores, inspirando a equipe a desempenhar bem, conectando-a à missão mais ampla e ligando as equipes umas às outras.

Cultura e engajamento

Um dos maiores impulsionadores e facilitadores do novo modelo de organização que está surgindo se refere à necessidade de impulsionar a cultura, o envolvimento dos funcionários, o aprendizado e o *feedback* em toda a empresa. E isso faz todo o sentido, já que a geração do milênio, que agora representa quase a metade da força de trabalho, está em busca de missão e valores no desempenho de sua atividade profissional e, quando trabalha em pequenas equipes, precisa de uma cultura compartilhada para garantir que estratégias e programas ocorram de forma consistente.

Juntamente com a cultura, o tema do engajamento dos funcionários também continua a ser urgente, pois sabemos que eles operam mais como voluntários do que como servos contratados ou funcionários. Eles estão ocupados e, muitas vezes, sobrecarregados com o trabalho, são ativos nas redes sociais (espaço no qual podem procurar novos empregos ou receber ofertas de emprego) e compartilham abertamente informações sobre sua empresa e seu chefe. Se não estão inspirados e engajados em seu trabalho, eles se afastam. Nesse cenário, é possível encontrar uma grande organização que opera com baixo desempenho ou atendimento ao cliente inconsistente.

O problema com o engajamento dos funcionários é que se deve construir um processo de escuta sempre ligado, que abra fluxos de *feedback* de forma a ajudar os líderes a identificar imediatamente os problemas e a criar soluções que tornem os funcionários mais produtivos, alinhados e engajados no trabalho.

Aprendizagem

Duas mudanças importantes são novas tendências relacionadas à aprendizagem. Em primeiro lugar, atualmente a aprendizagem é propriedade do funcionário. Portanto, as empresas precisam fornecer um rico conjunto de experiências de aprendizagem no trabalho, permitindo que os colaboradores se treinem e se eduquem continuamente.

Em segundo lugar, há uma tendência importante para o desenvolvimento de carreira, o desenvolvimento profissional e a qualificação da força de trabalho. A curva de aprendizado se tornou uma curva de ganhos, e as pessoas agora procuram empresas que podem lhes fornecer oportunidades de crescer e se desenvolver. Nesse sentido, surge uma necessidade urgente de novas habilidades em todo o mundo, forçando as empresas de alto desempenho a garantir habilidades profissionais, educação técnica e desenvolvimento de carreira, a fim de atrair profissionais excelentes. A maioria dos grandes varejistas, por exemplo, agora oferece reembolso de mensalidades para trabalhadores horistas, e programas de gerenciamento de início de carreira estão se tornando populares novamente.

Na atual organização de rede de equipes, habilidades e capacidades são a moeda do sucesso. O setor de aprendizagem corporativa está tentando se adaptar, pois oferece uma experiência de aprendizagem sempre ativa e de alta fidelidade em todas as fases da carreira de um funcionário.

Design thinking

Essa nova organização, que capacita as pessoas por meio de metas compartilhadas e de uma estrutura centrada na equipe, deve ser projetada para ajudar os funcionários a realizar suas tarefas. Por isso, a próxima tendência identificada é o enorme interesse e necessidade de *design thinking* em áreas como RH, aprendizagem e gestão de desempenho, bem como em toda a experiência de trabalho.

As pessoas hoje não apenas fazem o que é melhor para elas no trabalho, afinal, elas se comportam como seres humanos. Logo, é preciso tornar o trabalho mais simples e fácil de ser desenvolvido. Isso gera uma maneira totalmente nova de projetar programas de RH, de aprendizagem e de talentos: com base na simplicidade, com foco apenas no que é importante, no uso de aplicativos móveis e em um núcleo de *design* centrado no usuário.

Os velhos tempos de construção de um processo de ponta a ponta para recrutamento, integração, gerenciamento de desempenho ou desenvolvimento de carreira estão acabando. Agora, examina-se o papel de cada funcionário na empresa e projetam-se experiências selecionadas que os ajudem a aprender e a progredir.

Modelo de gestão

Juntamente com a mudança na estrutura organizacional e nas práticas de talentos, há uma grande alteração no pensamento gerencial, pois a cada década se repensa como a gestão funciona. Neste momento, estamos entrando em uma nova era.

Atualmente, não pensamos mais nos executivos como os "donos do pedaço", mas como facilitadores, estrategistas e líderes de equipe, que podem inspirar e capacitar as pessoas para o sucesso. Esse novo conceito, que se tornou fundamental para os livros e as práticas de gestão nos últimos anos, origina-se da compreensão de que os modelos de liderança hierárquicos e antiquados não funcionam mais.

Há muitas implicações nessa mudança: o que os líderes de alto desempenho fazem, quem é promovido à liderança e como se projetam sistemas de recompensa e alinhamento para ajudar os líderes a contribuir. Mas o maior sintoma dessa modificação está na enorme tendência de reinventar o gerenciamento de desempenho.

A antiquada revisão anual está sendo substituída por um processo mais aberto, transparente e sempre ativo. Nessa ótica, as organizações estão simplificando o processo, e há uma mudança dramática da classificação forçada e das classificações numéricas em direção a programas para facilitar o *feedback*, encorajar o *coaching* e avaliar as pessoas por meio de contribuições mais amplas do que o que seria possível apenas avaliando números individuais ou objetivos do projeto.

Os líderes de equipes e redes têm de promover práticas que reúnam as pessoas, as ajudem a se desenvolver e, também, focar tópicos como integração, equilíbrio entre vida pessoal e profissional, gestão da transição de carreira e bem-estar. Tais práticas de RH representam áreas de grande crescimento na atualidade, uma vez que as organizações estão percebendo que, se não é possível ajudar as pessoas a operar na equipe, fazer a transição de equipe para equipe e permanecer saudáveis, não se pode atuar como um negócio.

RH digital

O surgimento do RH digital é uma tendência que, em um passado recente, foi rotulada de estagnada, mas que enfim começou a decolar. Ao se examinarem os vários problemas de gestão, estruturais, de talento e de liderança que as empresas enfrentam, descobriu-se que o RH está passando por uma ruptura digital própria. Embora a computação em nuvem tenha mudado radicalmente a maneira como se compram *softwares* de RH e se desenvolvem plataformas, uma alteração significativamente maior está acontecendo na maneira como se projetam e se constroem soluções de RH.

Nessa perspectiva, o RH digital simboliza um novo foco na construção de soluções de RH experienciais, projetadas para aplicativos móveis e desenvolvidas por meio do pensamento de *design* e da economia comportamental, com o objetivo de ajudar as pessoas a realizar seus trabalhos. Assim, o foco de RH de processos e programas está mudando para estratégias e soluções. Isso significa que os departamentos de RH precisam entender e aprender como criar *feedback* e *coaching*, além de definir metas e programas de desenvolvimento que se pareçam com aplicativos fáceis de usar e que se encaixem no contexto de trabalho.

Logo, o RH digital não constitui apenas uma forma de alavancar novas tecnologias. Ele perfaz realmente a próxima onda em esforços para facilitar o novo mundo do trabalho. Trata-se, portanto, de uma nova maneira de construir soluções de RH, impulsionada por análises e economia comportamental, que reflete o novo modelo de trabalho, as novas funções dos líderes e a maneira como as pessoas trabalham juntas em uma base até então inédita.

Nova organização

A nova organização que identificamos e descrevemos até aqui não consiste apenas em um artefato de tecnologia, mudança disruptiva ou de necessidades demandadas pela geração do milênio. Mais do que isso, trata-se de uma mudança de corporações vistas como instituições para empresas encaradas como conjuntos de pessoas projetados para trabalhar conforme as próprias preferências.

Os novos modelos de organização e de talentos descritos não são apenas modernos, mas também naturais para nós. Diversos estudos que indicam que, como seres humanos, gostamos de nos comunicar, colaborar e operar em pequenos grupos. Somos, essencialmente, animais tribais e gostamos de fazer parte de algo maior do que nós. É prazeroso estarmos conectados localmente com pessoas de quem gostamos e a quem respeitamos.

A organização da década de 1960, que parecia uma hierarquia ou uma instituição industrial, com executivos que tinham vagas de estacionamento privadas, banheiros executivos e escritórios com carpetes grossos no topo do prédio com vistas amplas, está se tornando um "dinossauro branco". Sim, os executivos sempre vão gostar de poder e luxo para compensá-los por seu trabalho árduo, mas atualmente, se quiserem ter sucesso, devem aprender como aproveitar o poder de cada indivíduo e de cada equipe, bem como descobrir como reunir a rede de equipes para atender às necessidades dos clientes e da organização como um todo.

Pense em quem realmente dirige uma empresa: geralmente, as empresas de varejo são comandadas por gerentes de loja; as equipes de vendas são dirigidas por líderes de vendas; as organizações de bens de consumo são geridas por líderes em produtos; as equipes de consultoria são chefiadas por consultores fortes; as empresas de manufatura são conduzidas por gerentes de fábrica; e as empresas de *software* e tecnologia são norteadas por engenheiros. Assim, se você se deparar com o potencial de capacitar equipes, fazer com que elas funcionem e reuni-las, você descobrirá que sua empresa, independentemente de quão grande ou pequena possa ser, poderá florescer e crescer como nunca. É da natureza humana amarmos o trabalho que executamos; portanto, parte dessa nova organização consiste em permitir que cada pessoa tenha seu trabalho e contribua de maneira especial.

Por meio da análise dessas tendências, percebemos claramente que o mundo digital do trabalho finalmente chegou, e a capacidade de construir essa nova organização será mais importante do que nunca.

3.4 Capacitação de equipes

Os funcionários normalmente esperam que seus gerentes tomem decisões que os impactem positivamente. Da mesma forma, é fundamental que os colaboradores se sintam capacitados para também tomar essas importantes decisões de negócios. Nesse sentido, a autonomia no local de trabalho promove uma cultura empresarial mais eficiente e inspirada.

O sentimento de importância e confiança leva a um trabalho melhor e mais produtivo. No entanto, por vezes é difícil saber exatamente como garantir que os funcionários se sintam assim. É função do líder inspirá-los para que assumam mais responsabilidades e criar um ambiente de trabalho mais positivo para todos os envolvidos.

A capacitação dos funcionários no local de trabalho representa uma filosofia que os incentiva a tomar decisões de forma independente. Os gerentes devem fornecer aos trabalhadores o suporte adequado para que eles se sintam confiantes em suas funções. Em vez de microgerenciar os funcionários, a capacitação destes tem tudo a ver com permitir que a autonomia floresça com sua orientação. Nesse cenário, erros são vistos como lições aprendidas, e assumir riscos é encarado como uma chance de crescer. Quando implementada da maneira certa, a capacitação dos funcionários ajuda os trabalhadores a se sentirem mais confortáveis, desenvolvendo-se como profissionais em sua empresa.

Mas como colocar isso em prática? Vamos nos aprofundar na resposta a essa questão nos tópicos a seguir.

3.4.1 Aprendizado eficaz

Pare tudo o que você está fazendo agora e tente responder a uma pergunta: O que é melhor do que um líder eficaz? Simples: uma equipe eficiente. Contratar um líder natural para aumentar a produtividade em seu local de trabalho é tão simples quanto substituir um único indivíduo em sua equipe. Entretanto, parar nesse ponto pode, muitas vezes, resultar em soluções apenas superficiais e de curto prazo.

Uma coisa é certa: uma equipe não pode ser verdadeiramente eficiente até que você descubra como capacitar os funcionários no local de trabalho. Tudo tem a ver com a sua mentalidade empresarial. É necessário que os funcionários sejam mais do que apenas funcionários: eles não devem depender do gerente para tomar todas as decisões por eles. Pelo contrário, cada integrante precisa receber a confiança e o carisma que direcionam os melhores líderes. Embora nem todos tenham a capacidade de liderar uma equipe inteira, os colaboradores devem se sentir com poder suficiente para liderarem a si próprios.

Mas capacitar funcionários e integrantes da equipe não é a tarefa mais típica e, por isso, deve ser vista com cuidado. Desse modo, a seguir, indicamos quatro maneiras eficazes de capacitar os funcionários por meio do aprendizado, conforme consta na Figura 3.7.

Figura 3.7 – Maneiras eficazes de capacitar os funcionários

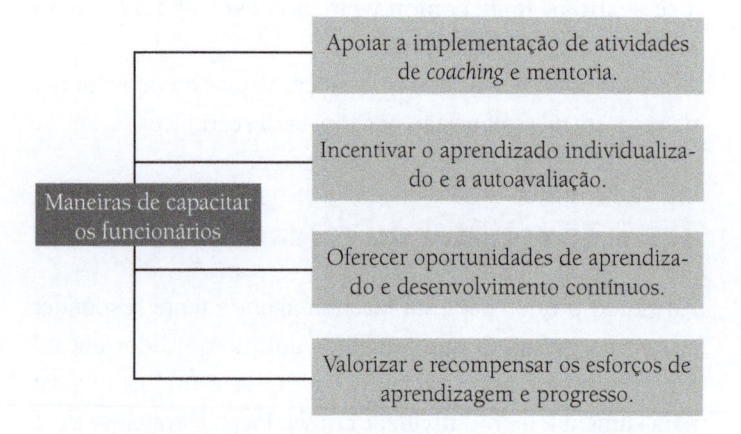

- Maneiras de capacitar os funcionários
  - Apoiar a implementação de atividades de *coaching* e mentoria.
  - Incentivar o aprendizado individualizado e a autoavaliação.
  - Oferecer oportunidades de aprendizado e desenvolvimento contínuos.
  - Valorizar e recompensar os esforços de aprendizagem e progresso.

Ao **apoiar a implementação de atividades de *coaching* e mentoria** no local de trabalho, você ajuda seus contratados mais recentes a obter conhecimento prático dos veteranos experientes de sua equipe. Além disso, faz com que eles se sintam mais independentes no que diz respeito ao papel que desempenham na empresa e na equipe.

Por outro lado, você confere aos integrantes mais velhos a confiança de transmitir seus conhecimentos e ajudar a nova equipe a aprimorar suas habilidades. Ser mentor significa ser percebido como modelo de trabalho por colegas menos experientes, o que, por sua vez, faz com que os mentores se sintam mais valorizados e, em última instância, mais engajados – essa é uma das principais vantagens da mentoria no ambiente de trabalho.

De que maneira você poderia capacitar seus funcionários com atividades de *coaching* e mentoria? Palestras individuais, avaliações do mentor e do pupilo e treinamento personalizado desenvolvido especificamente para este são apenas algumas ideias que você pode implementar. Os mentores também podem desafiar os pupilos com certas metas, personalizando objetivos e tarefas que, juntas, perfazem um programa de responsabilidades do novo colaborador.

Lembre-se de que um programa de mentoria não precisa terminar. O pupilo e o mentor geralmente permanecem conectados e continuam a ajudar um ao outro, mesmo quando o período oficial de mentoria termina. Essencialmente, esse processo cria laços fortes entre os membros da equipe, tornando o local de trabalho um lugar feliz para se estar. Portanto, se você está se perguntando como capacitar os funcionários no local de trabalho, o *coaching* e a mentoria são algumas das melhores maneiras de conseguir isso, para funcionários antigos e novos.

Para **incentivar o aprendizado individualizado e a autoavaliação**, a capacitação dos funcionários começa com o treinamento. Ter acesso aos recursos e conhecimentos de que você precisa é importante para que o local de trabalho seja mais produtivo. No entanto, o treinamento não é a única coisa importante nesse processo. Todos temos maneiras próprias de aprender e entender, mas, quando nos forçamos a isso por meio de métodos com os quais talvez não nos sintamos confortáveis, o resultado poderá ser o oposto do que o previamente imaginado.

Simplificando: quanto melhor entendermos, mais confiantes estaremos. E a melhor maneira de aprender é seguir nosso próprio ritmo. Quando os funcionários aprendem em seus ritmos, controlam o tempo de que precisam para digerir determinado conceito, em vez de se sentirem apressados por ideias mais complexas. Nessa ótica, o aprendizado individualizado oferece o benefício de aumentar a eficiência do aprendizado e o desenvolvimento de competências em menos tempo, bem como a capacidade de dimensionar e reutilizar técnicas.

Mas o aprendizado individualizado é apenas um lado da moeda. Outro passo crucial para lidar com a forma de capacitar os funcionários no local de trabalho é a autoavaliação cuidadosa. A autoavaliação no local de trabalho oferece aos funcionários uma chance única de eles se analisarem em um nível crítico, algo que normalmente não fazemos a menos que sejamos solicitados a isso.

Nessa ótica, a relevância da autoavaliação não vem da expectativa de que seus funcionários se avaliem com justiça, mas da mera prática de serem solicitados a se avaliarem de maneira objetiva. Isso geralmente resulta em indivíduos que enxergam verdadeiramente as próprias ações, além de capacitá-los para que se comportem de forma mais profissional.

Muitas iniciativas de **oferecer oportunidades de aprendizado e desenvolvimento contínuos** introduzidas no local de trabalho, como seminários ou conferências, são eventos únicos. Porém, embora possam ser úteis para apresentar certos conceitos aos funcionários, não há garantia de que as lições serão de fato aprendidas, muito menos de que ajudarão a equipe a se sentir fortalecida.

Oferecer aprendizado e desenvolvimento contínuos no local de trabalho pode ajudar a transformar conceitos estrangeiros em hábitos positivos, o que, em última análise, enriquece os funcionários em todos os aspectos. A aprendizagem contínua ajuda a desenvolver uma mentalidade de crescimento, motivando os colaboradores a adotar uma atitude flexível e adaptável.

Nesse sentido, a criação de uma cultura de aprendizagem comunitária em seu local de trabalho, na qual a aprendizagem e o desenvolvimento dos funcionários se tornam uma norma e os colegas de trabalho se encorajam organicamente a seguir em frente, fará com que a equipe sempre se sinta pronta para o inesperado. Por isso, tenha em mente que a prática leva à perfeição e, ao praticar continuamente a arte de aprender, você pode criar um ambiente capaz de remodelar suas funções como em um estalar de dedos.

É sempre importante ter em mente que devemos **valorizar e recompensar os esforços de aprendizagem e progresso**. Embora o conhecimento e a experiência sejam as recompensas do aprendizado, nem todos prosperam com a única motivação de se aperfeiçoarem. Os funcionários que não estão devidamente motivados acabam se estagnando em relação à aprendizagem. Nesse sentido, qualquer capacitação que tenham recebido começará lentamente a enferrujar. Então, o que fazer?

Em primeiro lugar, considere estabelecer um sistema de recompensas não competitivo. Você precisa entender o que faria os colaboradores aprenderem e se desenvolverem. Pode ser uma recompensa monetária ou a redução na carga de trabalho. Por isso, descubra o que vai motivar seus funcionários a aprender, mantendo um ambiente tranquilo e de apoio.

Outra ideia é forçá-los para além de suas possibilidades, mesmo que venham a falhar. O fracasso nem sempre deve levar à punição. Em vez disso, certifique-se de que eles saibam que você quer que eles tentem e falhem, em vez de nunca tentarem. Quando você demonstra isso, apesar dos erros que eles possam vir a cometer, você imediatamente os incentiva a correr mais riscos e a pensar em soluções mais criativas. Eventualmente, os integrantes de sua equipe tomarão a iniciativa e assumirão os próprios pensamentos. Se alguma sugestão que derem realmente se efetivar, eles lhe agradecerão por isso.

Existem muitas maneiras de capacitar os funcionários no local de trabalho, e cabe a você determinar quais estratégias funcionam ou não. Ainda que pareça complicado ou, por vezes, possa exigir mais esforço do que o previsto, você notará que, no momento em que seu local de trabalho começar a capacitar a todos, seus funcionários estarão finalmente trabalhando com o melhor de suas habilidades.

Obtenha o melhor de todos: quando você reconhecer que todos têm algo importante para contribuir para além de suas habilidades e funções básicas, eles começarão a lhe dar mais.

3.4.2 Formas de capacitar as equipes de trabalho

Como líder, você deve capacitar sua equipe, motivá-la e, por fim, orientá-la para que alcance todo o potencial possível. Mas essa tarefa é considerada difícil. Portanto, a seguir, apresentamos algumas dicas que podem ser utilizadas para capacitar as equipes de trabalho na empresa.

- **Conheça os integrantes pessoalmente**: antes de mergulhar em estratégias para capacitar sua equipe, você precisa conhecê-la em um nível pessoal. Quando a cultura do local de trabalho é puramente transacional, a equipe se torna desinteressada e não faz nenhum esforço discricionário.
- **Permita que sua equipe use seus pontos fortes todos os dias**: quando os funcionários utilizam seus pontos fortes nas funções do dia a dia, há uma maior absorção de seu engajamento. Com isso em mente, como líder da linha de frente, você deve dedicar tempo para descobrir quais são os pontos fortes de cada indivíduo. Isso o ajudará a delegar tarefas e a estimular a colaboração entre os trabalhadores.

- **Desafie os integrantes da equipe a pensar fora da caixa**: um grande líder destaca o melhor de seu pessoal. Os funcionários podem enfrentar procrastinação e resistência às tarefas; por isso, nesse cenário, você deve fornecer às equipes o incentivo e a orientação de que precisam para pensar fora da caixa.
- **Faça perguntas perspicazes**: fique curioso e faça perguntas perspicazes. Esse é um elemento integrante de uma abordagem de *coaching*, uma estrutura que grandes líderes usam para capacitar suas equipes.
- **Crie um círculo de segurança**: quando você desenvolve um círculo de segurança (também conhecido como *segurança psicológica*), sua equipe fica mais motivada a enfrentar desafios.
- **Mostre sua apreciação**: pode não parecer muito no início, mas dedicar um tempo para mostrar seu apreço aos funcionários é de grande valia. O mais importante é agradecer aos integrantes da equipe pelo esforço colocado no trabalho, em vez de simplesmente dizer "bom trabalho". Portanto, seja específico sobre os comportamentos que os membros demonstram e pelos quais você é realmente grato.
- **Desenvolva suas habilidades**: uma das melhores maneiras de capacitar sua equipe é investir no desenvolvimento das habilidades de seus membros. Isso pode ocorrer mediante o investimento de tempo em atualizações para treiná-los ou por meio de um *workshop* interativo.
- **Modele o comportamento que você deseja ver**: líderes verdadeiramente capacitadores fazem o que falam. Se você deseja que sua equipe se envolva mais em rituais de fortalecimento da cultura, você precisa defendê-los. Por sua vez, se você quer que os funcionários aprimorem o atendimento ao cliente, mostre a eles como se faz um excelente atendimento ao cliente.

- **Abrace a empatia**: uma habilidade essencial para todo líder é a empatia. Sem ela, você não será capaz de se relacionar com os membros da equipe e prejudicará seus esforços para capacitá-los. Frequentemente vista como um aspecto mais sutil, a empatia é uma das habilidades humanas mais difíceis de dominar.
- **Comunique e reitere seu propósito**: a missão ou propósito da empresa não deve estar presente apenas nos documentos da organização. É fundamental reunir a equipe em torno de um propósito comum e conversar sobre isso com frequência, pois as empresas que são verdadeiramente orientadas para um propósito relatam grande crescimento ao decorrer dos anos seguintes.
- **Incentive a colaboração entre equipes**: quando as equipes colaboram, soluções criativas são encontradas, e as perspectivas são desafiadas. Isso é ótimo para a organização e pode realmente aumentar os resultados.
- **Mostre que você confia nos integrantes da equipe**: como líder, você precisa mostrar à sua equipe que confia nela. Assim, quando for atribuir uma tarefa a alguém, forneça-lhe um esboço claro do que você gostaria que essa pessoa realizasse e, em seguida, deixe-a abordar a tarefa à sua própria maneira.
- **Tenha conversas regulares**: quando foi a última vez que você fez um *check-in* individual com os integrantes de sua equipe? Você lhes oferece a oportunidade de fazer perguntas e expressar preocupações em um ambiente individual? O tempo de qualidade é um dos fatores mais importantes na criação de uma equipe capacitada e engajada.
- **Dê a eles algo para possuir**: propriedade é uma construção psicológica poderosa que há alguns anos vem ajudando equipes, líderes e conselhos executivos. Se você estiver disposto a isso, quebre a abordagem de cima para

baixo com um plano de desempenho autogerido – isso pode fazer toda a diferença.

Apresentamos algumas dicas que você pode colocar em prática para capacitar sua equipe e alcançar os melhores resultados em sua organização.

4

Gestão para resultados

Conteúdos do capítulo:

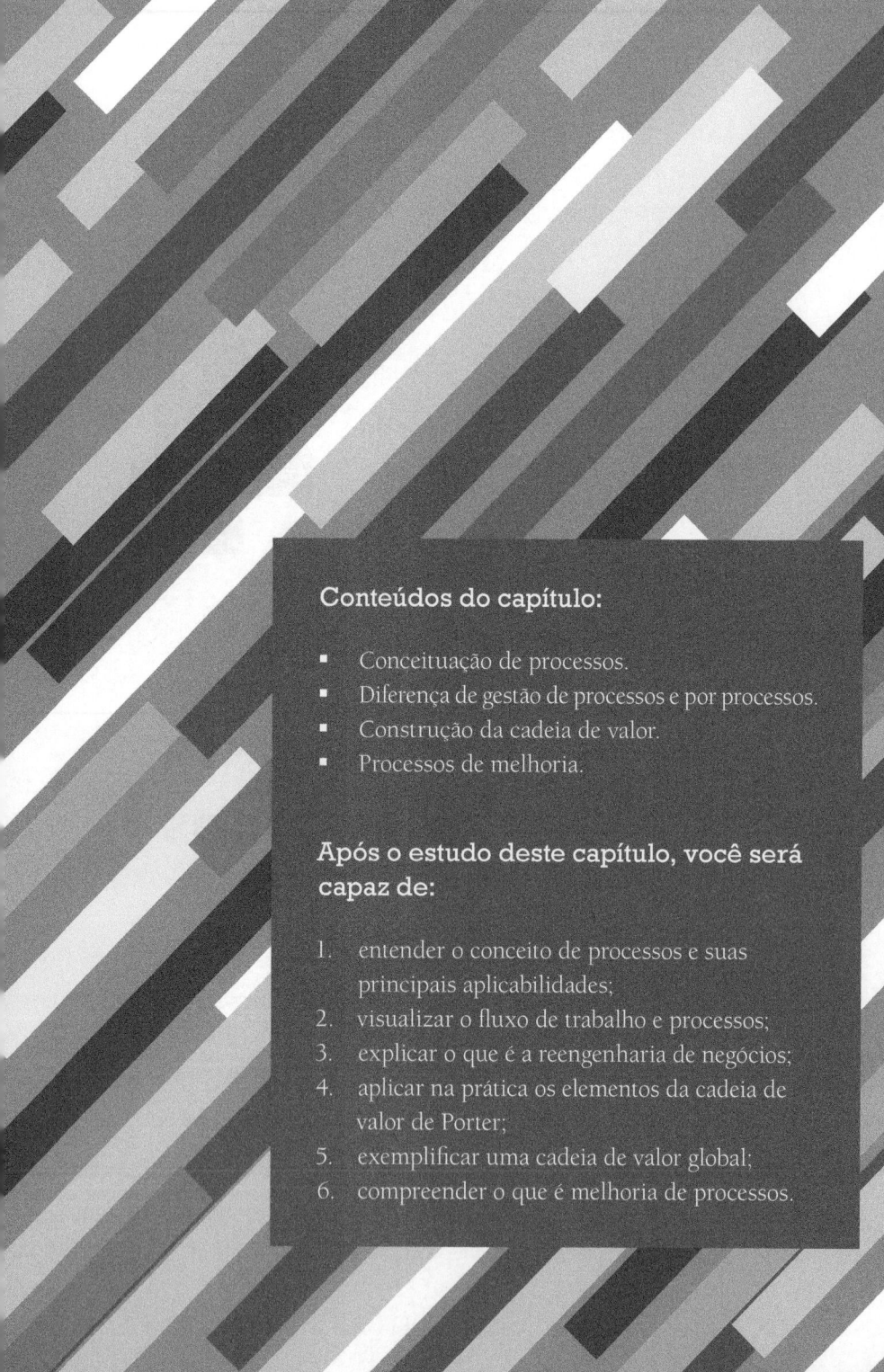

- Conceituação de processos.
- Diferença de gestão de processos e por processos.
- Construção da cadeia de valor.
- Processos de melhoria.

Após o estudo deste capítulo, você será capaz de:

1. entender o conceito de processos e suas principais aplicabilidades;
2. visualizar o fluxo de trabalho e processos;
3. explicar o que é a reengenharia de negócios;
4. aplicar na prática os elementos da cadeia de valor de Porter;
5. exemplificar uma cadeia de valor global;
6. compreender o que é melhoria de processos.

Os resultados são mudanças descritíveis ou mensuráveis que resultam de uma cadeia de causa e efeito, a qual descreve como passar da situação atual para a situação desejada. Para Maximiano (2015), são três os tipos de resultados que devem ser medidos e analisados:

1. **Resultados ou saídas diretas**: são produzidos pelas atividades do projeto usando-se os recursos do projeto. Trata-se das coisas que normalmente estão sob nosso controle.
2. **Resultados ou efeitos intermediários**: são consequências dos resultados diretos. Frequentemente, leva algum tempo para que esses efeitos se materializem. Eles não estão completamente sob nosso controle, pois pode haver outras influências em jogo, o que faz com que os efeitos possam tanto ser esperados como inesperados. Tais efeitos

podem ser positivos, mas os resultados também podem levar a efeitos negativos.
3. **Resultados finais ou o impacto do projeto**: geralmente, o impacto só é visível após um período mais longo e no ambiente mais amplo (não apenas com as pessoas que estiveram diretamente envolvidas no projeto). Assim como os efeitos, o impacto pode ter elementos esperados ou inesperados, positivos ou negativos.

A gestão baseada em resultados (Figura 4.1) diz respeito a uma abordagem de ciclo de vida para a gestão que integra estratégia, pessoas, recursos, processos e medidas para melhorar a tomada de decisões, a transparência e a prestação de contas.

Figura 4.1 – Caminho da gestão por resultado

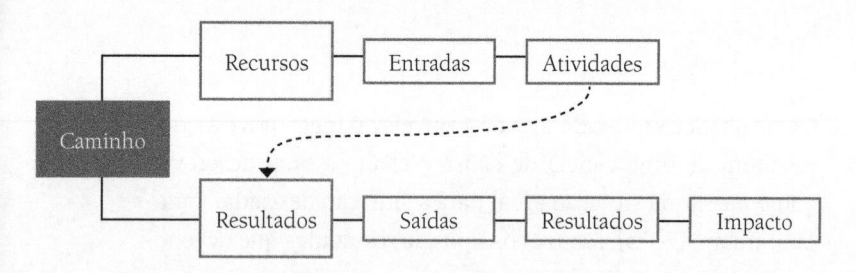

```
          ┌──────────┐    ┌──────────┐    ┌──────────┐
          │ Recursos │────│ Entradas │────│Atividades│
┌────────┐│          │    │          │    │          │
│Caminho │└──────────┘    └──────────┘    └────┬─────┘
│        │                                     ╎
└────────┘┌──────────┐    ┌──────────┐    ┌────▼─────┐    ┌──────────┐
          │Resultados│────│  Saídas  │────│Resultados│────│ Impacto  │
          └──────────┘    └──────────┘    └──────────┘    └──────────┘
```

Essa abordagem se concentra na obtenção de resultados, na implementação de medição de desempenho, na aprendizagem e na adaptação, bem como em relatórios de desempenho. Assim, a gestão baseada em resultados consiste em:

- definir os resultados esperados e realistas com base em análises apropriadas;
- identificar claramente os beneficiários do programa e elaborar projetos para atender às suas necessidades;

- monitorar o progresso em direção aos resultados e os recursos consumidos, com o uso de indicadores apropriados;
- identificar e gerir o risco tendo em consideração os resultados esperados e os recursos necessários;
- aumentar o conhecimento aprendendo lições e integrando-as às decisões;
- relatar os resultados alcançados e os recursos envolvidos.

Na gestão baseada em resultados, uma tarefa difícil é medir ou avaliar o impacto de sua intervenção, especialmente quando se trata de projetos integrados, os quais, geralmente, são ancorados em mudanças comportamentais.

4.1 Conceituando processos

De acordo com Rosenstein (2010), a expressão *gerenciamento por resultados* foi apresentada pela primeira vez por Peter Drucker, um dos mais importantes teóricos da administração moderna, em seu livro *The Practice of Management*, publicado em 1954.

Para Drucker, a essência da gestão por resultados está na definição de objetivos, na escolha das ações e na tomada de decisões de forma participativa, ou seja, os gestores e os líderes, dentro do planejamento estratégico, definem-se juntos. Assim, a medição e a comparação do desempenho real de cada funcionário são feitas de acordo com os padrões estabelecidos. Quando os próprios colaboradores participam do estabelecimento de metas e escolhem as ações a serem seguidas, há uma maior probabilidade de eles cumprirem suas responsabilidades.

Nesse acordo, a empresa não impõe processos muito rígidos, pois o foco total está nos resultados. Obviamente, existem diretrizes a serem seguidas, mas não há imposições sobre a forma de fazer, pois o foco é atingir os objetivos.

A seguir, apresentamos os principais benefícios que a gestão baseada em resultados oferece às empresas, de acordo com Rosenstein (2010):

- **Motivação dos funcionários**: ao se envolverem em todo o processo de definição de metas, eles reconhecem o valor de seu trabalho e se engajam mais.
- **Melhorias na comunicação e na coordenação**: há uma aproximação natural entre os líderes, com troca de informações, *feedback* e colaboração, o que contribui para a harmonia organizacional.
- **Mais clareza de propósito**: os funcionários tendem a se comprometer mais com as metas que estabeleceram para si mesmos do que com as que outra pessoa lhes impôs. Além disso, a clareza de objetivos contribui para o sentimento de pertencimento e, consequentemente, para a autoestima dos profissionais.
- **Aumento da produtividade**: colaboradores mais engajados, com mais informações e objetivos claros produzem mais e melhor.

Neste capítulo, vamos nos aprofundar na gestão por resultados e abordar alguns aspectos bem interessantes, os quais podem ser aplicados diretamente nas empresas modernas.

4.2 Diferença entre gestão de processos e gestão por processos

Não se pode pensar em **gestão de processos de negócios** (*business process management* – BPM) sem considerar a **gestão por processos de negócios e *software*** (*business process management software* – BPMS) e vice-versa. Embora os dois termos compartilhem algumas semelhanças, há grande diferença entre eles, então não é de se admirar que as pessoas confundam os conceitos.

Alguns pensam em mapeamento de processos de negócios; outros, em modelagem de processos de negócios. Como se isso não fosse confuso o suficiente, até mesmo o termo *gerenciamento de processos de negócios* é usado de forma diferente em diferentes partes do mundo.

Muitos autores e analistas de mercado definem o BPM como uma disciplina que usa vários métodos para descobrir, modelar, analisar, medir, melhorar e otimizar processos de negócios. Assim, um processo de negócios coordena o comportamento de pessoas, sistemas, informações e coisas para produzir resultados de negócios em apoio a uma estratégia de negócios. Os processos podem ser estruturados e repetíveis ou não estruturados e variáveis.

Embora não seja uma regra, as tecnologias são frequentemente usadas com BPM, principalmente para alinhar os investimentos em tecnologia da informação à estratégia de negócios.

O BPM envolve qualquer combinação de modelagem, automação, execução, controle, medição e otimização de fluxos de atividades de negócios, em apoio aos objetivos da empresa, abrangendo sistemas, funcionários, clientes e parceiros dentro e fora da empresa. Valença (2017) explica o BPM por meio de sete expressões, conforme apresentamos na Figura 4.2.

Figura 4.2 – Palavras-chave do BPM

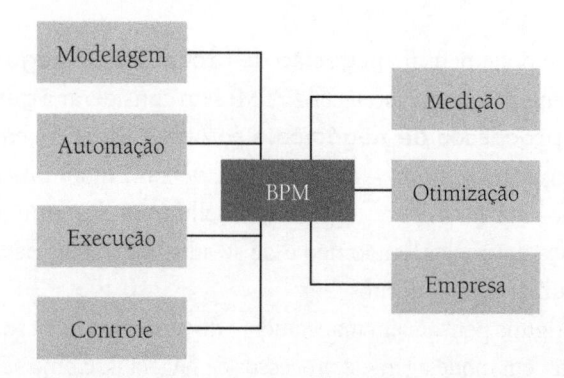

```
Modelagem ─┐
           │         ┌─ Medição
Automação ─┤         │
           ├─ BPM ───┼─ Otimização
Execução ──┤         │
           │         └─ Empresa
Controle ──┘
```

Fonte: Elaborada com base em Valença, 2017.

A seguir, analisamos mais detalhadamente cada uma dessas expressões.

1. **Modelagem**: consiste em identificar, definir e fazer uma representação de todo o processo para apoiar a comunicação sobre o processo. Não existe uma forma única de modelar.
2. **Automação**: diz respeito ao trabalho feito com antecedência para garantir a execução adequada das instâncias do processo. Frequentemente, significa escrever um *software*, mas pode incluir a construção de máquinas ou até mesmo a elaboração de sinalizações para maior clareza.
3. **Execução**: significa que as instâncias de um processo são executadas ou aprovadas, o que pode incluir aspectos automatizados.
4. **Controle**: implica a existência de algum aspecto para garantir que o processo siga o curso projetado. Pode ser

um controle estrito e aplicado ou um controle frouxo na forma de diretrizes, treinamento e práticas manuais.
5. **Medição**: significa que o esforço é feito para determinar quantitativamente como o processo está funcionando para atender às necessidades dos clientes.
6. **Otimização**: a disciplina de BPM é uma atividade contínua que se desenvolve ao longo do tempo para melhorar continuamente as medidas do processo. A melhoria é relativa aos objetivos da organização e, em última instância, serve para atender às necessidades dos clientes.
7. **Empresa**: refere-se a uma organização empresarial em que as pessoas trabalhem juntas para atender a objetivos comuns – incluindo as pequenas organizações e as sem fins lucrativos.

Em sua forma mais simples, o BPM representa uma maneira de olhar e controlar os processos que estão presentes em uma organização. Trata-se de uma metodologia eficaz para se usar em tempos de crise, a fim de assegurar que os processos sejam eficientes e eficazes, resultando em uma organização melhor e mais econômica.

Portanto, o BPM constitui uma coleção de técnicas e métodos para melhorar os resultados de negócios por meio de uma maior compreensão de como a organização funciona e como precisa operar no futuro.

Por seu turno, a BPMS é uma ferramenta de *software* usada para melhorar os processos de negócios de uma organização por meio da definição, automação e análise de processos de negócios. Ela atua como uma ferramenta de automação valiosa para as empresas gerarem uma vantagem competitiva mediante a redução de custos, a excelência de processos e a melhoria contínua de processos.

Como mencionamos anteriormente, a BPM é uma disciplina usada pelas organizações para identificar, documentar e melhorar seus processos de negócios; já a BPMS é utilizada para habilitar aspectos específicos da BPM.

Praticar processos manuais tradicionais faz com que os proprietários de negócios percam tempo e gastem dinheiro em elementos fúteis. É aqui que entra em cena a BPMS, pois essa ferramenta ajuda a empresa a melhorar seus processos de negócios com o auxílio de análise e automação. Nesse sentido, ela deve permitir modelar, criar, editar e executar todos os processos de negócios na organização e, também, coletar dados e fazer análises.

As soluções de BPM também colaboram para a melhoria da produtividade da equipe, automatizando as tarefas diárias da força de trabalho, que seriam executadas manualmente se um sistema de BPM não estivesse em vigor. Implementando-se a BPMS em uma organização, é possível colocar em prática respostas rápidas aos desafios e às oportunidades, ao mesmo tempo que ajuda os líderes de negócios a tomar as decisões corretas para o crescimento geral da empresa.

4.2.1 Fluxo de trabalho e processos

Usamos o termo *processo* em muitos contextos cotidianos e nem sempre atentamos para sua definição e aplicação corretas. O ideal seria nos referirmos a processos como uma aplicação direta nas empresas. Assim, podemos definir um processo como uma série de atividades classificadas de forma lógica que revelam entre si uma relação causal, para que a organização consiga entregar aos clientes (internos ou externos) produtos, serviços, informações, decisões e/ou até mesmo outras saídas.

Essa série de atividades pode ser entendida como uma cadeia em que a instituição desenvolve uma série de processos diferentes em sua gestão organizacional. Toda essa cadeia deve ser projetada a fim de que a organização consiga agregar valor à sua entrega final. Isso permite à empresa ampliar sua consciência do mercado, principalmente acerca de seu valor em relação aos custos de produção.

Quanto maior for a diferença, seja positiva, seja negativa, entre o valor percebido pela empresa e seus custos de produção efetivos, maior será sua expectativa de lucro. Nesse caso, a companhia deve analisar como pode melhorar continuamente os processos que serão colocados em prática para se tornar mais eficiente e eficaz, pois essa relação consiste em uma das melhores formas de aumentar a lucratividade. Assim, o fluxo de trabalho e os processos estão relacionados diretamente, uma vez que o fluxo de trabalho é uma das ferramentas mais assertivas para melhorar os processos organizacionais. Esse relacionamento é tradicionalmente chamado de *workflow*.

Rosenstein (2010) define *workflow* como um conjunto de ferramentas ou tecnologias que permitem o correto fluxo de documentos, informações, atividades e tarefas em uma empresa ou unidade de negócios. As pessoas envolvidas no processo devem seguir determinada sequência e adotar certos procedimentos para atingir os objetivos do processo.

Vale a pena ressaltar que não é necessário uma organização automatizar seus *workflows*, embora essa seja, sem dúvida, uma das melhores formas de obter resultados satisfatórios ao final do período. Quando uma empresa usa um fluxo de trabalho, existe uma grande tendência de reduzir falhas de processos, erros de transmissão de dados, atrasos de tempo, gargalos e até mesmo perdas. Além disso, a confiabilidade e a precisão do tratamento podem ser melhoradas com a implementação de um *workflow*.

Apresentamos, a seguir, alguns tópicos que mostram contrastes interessantes entre fluxo de trabalho e processos, a fim de que você entenda melhor a diferença entre os dois conceitos:

- Processo é uma sequência de tarefas, workflow é uma maneira de tornar essa sequência mais produtiva e eficiente.
- Processo é algo que pode existir naturalmente e ser conduzido de forma intuitiva, um workflow é analisado, planejado, modelado e automatizado consciente e com propósitos bem definidos
- Processo é a maneira como uma equipe se coordena e comunica para entregar um resultado, workflow é uma tecnologia ou ferramenta que pode ajudar a fazer isso da melhor forma
- Nem todo processo é automatizado, o objetivo de softwares de workflow é exatamente automatizar os processos
- O workflow é uma consequência da existência de processos, foi criado em função deles, portanto, é possível existir um processo sem workflow, mas não poderá existir um workflow sem o processo correspondente. (Heflo, 2022)

O fluxo de trabalho representa uma pequena parte do que o BPM pode fazer pelos processos de uma organização.

4.2.2 Reengenharia de negócios

O gerenciamento de processos de negócios ajuda a executar um fluxo de trabalho de modo mais rápido e suave, ao mesmo tempo que gerencia e analisa disciplinadamente todas as estratégias de negócios automatizadas e não automatizadas. O BPM pode ser entendido como uma prática geral de negócios, uma vez que compartilha as preocupações da organização com a simplificação de processos de negócios, além de orquestração, monitoramento de sistemas complexos etc.

A estratégia de BPM tem como foco apenas o fluxo de processo definido e atua de acordo com um determinado conjunto de técnicas de gerenciamento. Nesse sentido, a automação tem forte significação para essa ferramenta. A automação de processos de negócios consiste em uma maneira atualizada, digitalizada e automatizada do BPM tradicional, o qual se integrou a várias novas tecnologias para atender às necessidades de negócios atuais.

Com a automação de processos de negócios (*digital process automation* – DPA), o processo feito pelo BPM tradicional evoluiu com a transformação digital e passou a se concentrar mais em aprimorar a experiência do cliente. A automação é uma tecnologia atrativa para uma parte fixa de uma operação. No entanto, um grande desafio que um gerente encontra é conseguir obliterar processos redundantes, em vez de automatizá-los.

Alguns gerentes continuam usando muitas ferramentas e técnicas de automação em nome do BPM e acabam perdendo tempo e outros recursos com questões erradas. Nessa situação, grande parte das operações automatizadas no *workflow* da empresa passa a produzir *outputs* negativos. Logo, é preciso preocupar-se menos em como gerenciar uma tarefa regular e concentrar-se em examinar e obliterar os processos redundantes e demorados.

4.3 Construindo a cadeia de valor

Inicialmente, propomos alguns questionamentos relevantes: Como sua organização cria valor? De que maneira você transforma entradas de negócios em saídas de forma que tenham um valor maior do que seu custo original de criação?

Estas não são apenas algumas questões áridas a serem analisadas em qualquer organização. Pelo contrário, são de fundamental importância para as empresas, porque abordam, em primeiro lugar, a lógica econômica que explica por que a organização existe.

As empresas de manufatura criam valor ao adquirir matérias-primas e ao usá-las para produzir algo útil.

Os varejistas reúnem uma gama de produtos e os apresentam de forma conveniente aos clientes, às vezes suportados por serviços, como salas de montagem ou conselhos pessoais de compradores. E as companhias de seguros oferecem políticas aos clientes que são subscritas por políticas de resseguros maiores. Aqui, estão empacotando essas políticas maiores de forma amigável ao consumidor e distribuindo-as para uma audiência em massa. (Aldeia, 2022)

O valor criado e capturado por uma empresa diz respeito à margem de lucro, calculada com base na seguinte equação: valor criado e capturado − custo de criação desse valor = margem.

Quanto mais valor uma organização criar, provavelmente mais lucrativa ela será. Quando você fornece mais valor a seus clientes, está construindo uma vantagem competitiva.

Entender como sua empresa cria valor e buscar maneiras de agregar mais valor são elementos críticos no desenvolvimento de uma estratégia competitiva. Michael Porter (2005) discute muito sobre isso em seus artigos e livros, principalmente na obra *Estratégia competitiva*, na qual ele introduziu pela primeira vez o conceito de cadeia de valor.

Uma cadeia de valor diz respeito a um conjunto de atividades que uma organização realiza para criar valor a seus clientes. Nesse sentido, Porter (2005) propôs uma cadeia de valor de propósito geral que as organizações podem usar para examinar todas as suas atividades e verificar como estão conectadas. A forma como as atividades da cadeia de valor são realizadas determina os custos e afeta os lucros. Por isso, essa ferramenta pode ajudar a compreender as fontes de valor para uma organização.

4.3.1 Elementos da cadeia de valor de Porter

Em vez de examinar departamentos ou tipos de custos contábeis, a cadeia de valor de Porter se concentra nos sistemas e na maneira como os insumos são transformados nos produtos adquiridos pelos consumidores.

Tendo isso em vista, Porter (2005) descreve uma cadeia de atividades comum a todas as empresas e as divide em atividades primárias e de suporte, conforme exposto na Figura 4.3.

Figura 4.3 – Cadeia de valor de Porter

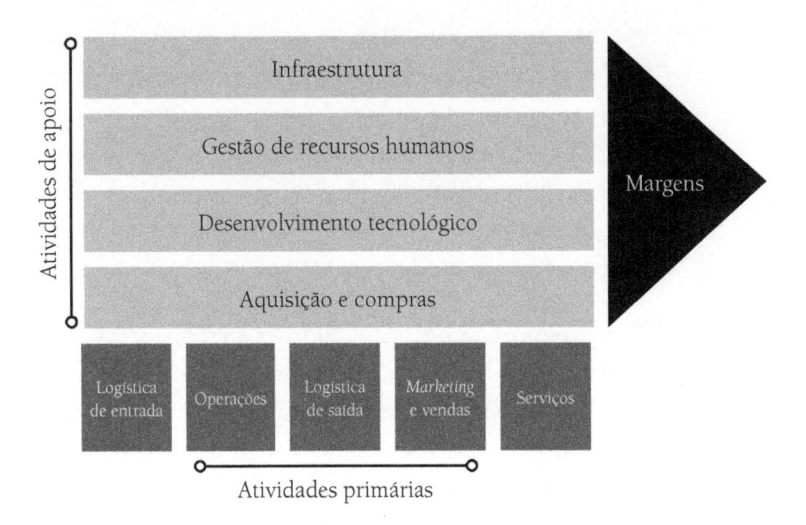

Atividades de apoio:
- Infraestrutura
- Gestão de recursos humanos
- Desenvolvimento tecnológico
- Aquisição e compras

Atividades primárias:
- Logística de entrada
- Operações
- Logística de saída
- Marketing e vendas
- Serviços

Margens

Fonte: Tecnicon, 2019.

Vejamos como se caracterizam esses elementos (Aldeia, 2021):

- **Processos primários**: estão diretamente relacionados à criação física, à venda, à manutenção e ao suporte de um produto ou serviço.

  - **Logística de entrada**: são todos os processos relacionados ao recebimento, ao armazenamento e à distribuição de insumos internamente. Seu relacionamento com o fornecedor é um fator-chave na criação de valor.
  - **Operações**: são atividades que transformam entradas em saídas, nas quais os sistemas operacionais criam valor.
  - **Logística de saída**: são atividades que entregam o produto ou serviço ao cliente. Trata-se de elementos como sistemas de coleta, armazenamento e distribuição, os quais podem ser internos ou externos à organização.
  - **Marketing e vendas**: englobam os processos para persuadir os clientes a comprar de uma organização em detrimento de outra. Os benefícios oferecidos e o modo como são comunicados são fontes de valor a serem consideradas.
  - **Serviços**: são atividades relacionadas à manutenção do valor do produto ou serviço para os clientes.

- **Processos de apoio**: são atividades que oferecem suporte às funções principais. Observe, na Figura 4.3, que cada atividade de suporte (ou secundária) pode desempenhar um papel em cada atividade primária. Por exemplo, a aquisição apoia operações com certas atividades, mas também dá suporte ao *marketing* e às vendas, por meio de outras atividades.

- **Infraestrutura**: refere-se aos sistemas de suporte de uma empresa e às funções que permitem a manutenção das operações diárias. Contabilidade, jurídico, administrativo e gerenciamento geral são exemplos da infraestrutura necessária que as empresas podem usar para benefício próprio.
- **Gestão de recursos humanos**: refere-se à forma como uma empresa recruta, contrata, treina, motiva, recompensa e retém seus funcionários. As pessoas são uma fonte significativa de valor, portanto as organizações podem criar uma vantagem clara mediante boas práticas de gerenciamento de recursos humanos.
- **Desenvolvimento tecnológico**: são atividades relacionadas à gestão e ao processamento da informação, bem como à proteção da base de conhecimento da empresa. Minimizar os custos de tecnologia da informação, ficar atualizado com os avanços tecnológicos e manter a excelência técnica são fontes de criação de valor.
- **Aquisição e compras**: trata-se daquilo que a organização faz para obter os recursos de que precisa para operar. Isso inclui encontrar fornecedores e negociar os melhores preços.

As organizações podem utilizar todas essas atividades (as primárias e as de apoio) como se fossem blocos de construção para criar um novo produto ou serviço valioso ao negócio de forma geral.

4.3.2 Usando a cadeia de valor de Porter

Para identificar e compreender a cadeia de valor proposta por Porter (2005), quatro etapas podem ser seguidas pelas empresas, conforme apresentamos na Figura 4.4, a seguir.

FIGURA 4.4 – Etapas para implantar a cadeia de valor

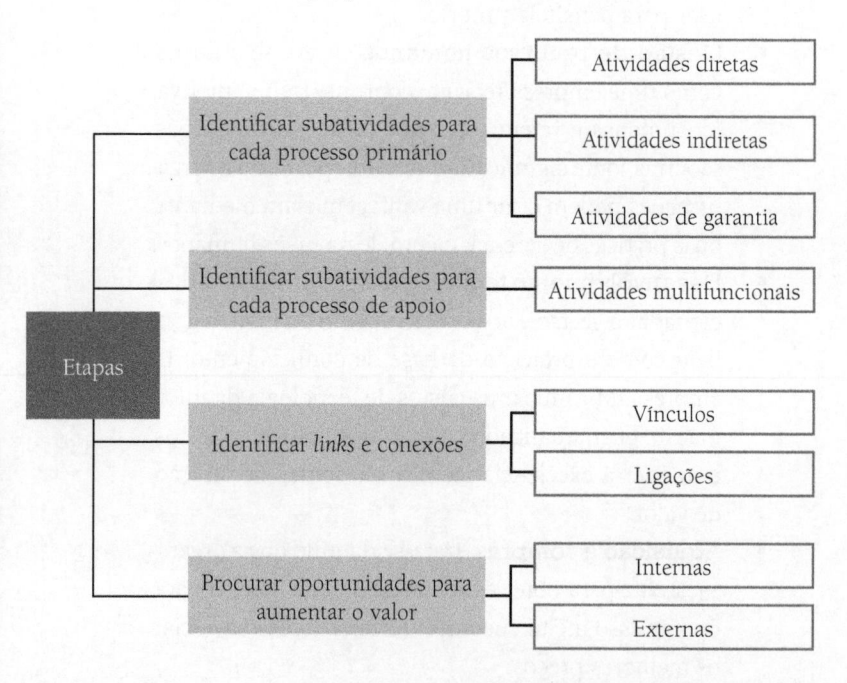

Etapas:
- Identificar subatividades para cada processo primário
  - Atividades diretas
  - Atividades indiretas
  - Atividades de garantia
- Identificar subatividades para cada processo de apoio
  - Atividades multifuncionais
- Identificar links e conexões
  - Vínculos
  - Ligações
- Procurar oportunidades para aumentar o valor
  - Internas
  - Externas

FONTE: Elaborada com base em Porter, 2005.

Para identificarmos quais são as subatividades de cada processo considerado primário, devemos determinar em detalhes quais são as subatividades desenvolvidas na expectativa de criar valor real para a empresa. Elas, tradicionalmente, são segmentadas em três tipos distintos: ações que criam valor de forma direta; ações que permitem a identificação dos processos diretos de forma eficaz; atividades que garantem a qualidade das ações que atendem a certos padrões exigidos no processo.

A próxima etapa consiste em estabelecer quais são as subatividades relacionadas a cada processo de suporte ou de apoio. Nesse momento, para cada atividade de gestão de recursos humanos, incremento de tecnologia e suporte de compras, é necessário determinar quais subatividades realmente criam valor considerando-se cada ação principal. Em seguida, é necessário identificar quais subatividades diferentes criam valor na base da empresa. Estas, normalmente, são identificadas como multifuncionais e não são específicas em relação ao negócio.

Na sequência, faz-se necessário reconhecer as várias associações e conexões entre as atividades consideradas valiosas nas duas etapas anteriores. Isso tudo leva um certo tempo para ser realizado, mas precisa ser efetivamente colocado em prática, pois o resultado, provavelmente, aumentará a vantagem competitiva da estrutura da cadeia de valor da empresa.

Por fim, devemos tentar procurar quais são as oportunidades para se agregar valor ao negócio. Para tal, é preciso observar cada uma das subatividades e conexões identificadas, considerando-se como alterá-las ou melhorá-las para maximizar o valor que a empresa fornece a seus clientes por meio de atividades de suporte interno ou externo.

Tendo em vista todas as considerações traçadas até aqui, podemos afirmar que a cadeia de valor de Porter oferece uma grande oportunidade para as empresas refletirem mais assertivamente acerca de sua estratégia geral de negócios. Portanto, ao decidir como melhorar sua cadeia de valor, a organização deve esclarecer se ela deseja se destacar da concorrência ou apenas reduzir sua base de custos.

Entendemos que nisso consiste a observância à cadeia de valor mediante uma perspectiva organizacional mais ampla. Para que isso ocorra corretamente, é necessário dividir as atividades da empresa em pequenas partes, as quais devem ser estrategicamente significativas para que se possa ter uma compreensão mais abrangente dos direcionadores de custos e das fontes de diferenciação e, em seguida, fazer as alterações adequadas.

4.3.3 Cadeia de valor global

A primeira pergunta que organizações que exploram várias cadeias de suprimentos devem se fazer é: Quantas cadeias são necessárias? Respondê-la requer um olhar atento sobre como os ativos da cadeia de suprimentos que uma empresa usa para fabricar e distribuir seus produtos se comparam às aspirações estratégicas para tais produtos e seus clientes.

Frequentemente, uma boa forma de começar é analisar a volatilidade da demanda do cliente por determinada linha de produtos em relação aos volumes históricos de produção e comparar os resultados com o custo total adquirido para diferentes locais de produção. Tais informações fornecem uma noção aproximada das trocas entre velocidade e custo e podem até sugerir locais onde fragmentos da cadeia de suprimentos podem estar localizados. Um fabricante global de bens de consumo embalados, por exemplo, percebeu que dois terços da demanda associada a uma linha de produtos-chave (cerca de 40% do portfólio de produtos da empresa) poderiam ser movidos de um país de custo mais alto para um país de menor custo sem prejudicar o atendimento ao cliente.

Obviamente, as organizações devem verificar cuidadosamente essas análises abrangentes em relação às necessidades do cliente. Uma empresa de bens de consumo, por exemplo, descobriu que a inovação em embalagens era um diferencial para alguns de seus produtos e, portanto, configurou uma única linha de produção no novo local de custo mais baixo para fabricar embalagens para vários mercados rapidamente. Por outro lado, na indústria automotiva e em outras indústrias baseadas em montagem, descobriu-se que a capacidade de resposta dos clientes e a complexidade de produtos individuais são entradas importantes que ajudam a determinar onde as cadeias de suprimentos podem ser fragmentadas.

Embora dividir uma cadeia de suprimentos em pedaços possa parecer complicado, na realidade essa abordagem permite que as empresas reduzam a complexidade e gerenciem melhor, já que os ativos operacionais podem se concentrar nas tarefas para as quais estão mais bem equipados. Ao mesmo tempo, a visibilidade adicional que uma abordagem fragmentada oferece nas entranhas de uma cadeia de suprimentos ajuda os gerentes a empregar de forma mais eficaz as ferramentas de melhoria tradicionais – as quais, antes, seriam opressoras demais.

As vantagens que várias cadeias de suprimentos conferem serão mais valiosas se as empresas as visualizarem dinamicamente, com um olho na resiliência da cadeia de suprimentos geral sob uma variedade de circunstâncias. Será que as várias vertentes de uma rede de abastecimento global em particular, por exemplo, ainda farão sentido se a moeda da China se valorizar em 20%, o petróleo custar US$ 90,00 o barril e as rotas marítimas tiverem 25% de capacidade excedente?

É fundamental que as organizações determinem quais das muitas perguntas como essas estão certas e invistam energia na compreensão das tendências globais que as sustentam. Algumas empresas já pensam assim. A Nike, por exemplo, há muito tempo líder na produção de mercados emergentes, fabricou mais calçados no Vietnã do que na China pela primeira vez em 2010.

Na realidade, acreditamos que a capacidade das cadeias de suprimentos de resistir a uma variedade de cenários diferentes pode influenciar a lucratividade e, até mesmo, a viabilidade das organizações em um futuro não muito distante. Diante disso, as empresas devem projetar seus portfólios de redes de manufatura e fornecedores para minimizar o risco total de custo de importação em diferentes cenários. O objetivo deve ser identificar uma pegada resiliente de manufatura, mesmo quando não for necessariamente a de custo mais baixo no momento. Essa abordagem exige uma mudança significativa de mentalidade, não apenas dos líderes de operações, mas também de executivos em toda a diretoria.

Vamos considerar o seguinte exemplo: em uma fabricante de bens de consumo duráveis, os executivos seniores temiam que sua dependência da China como um centro de distribuição pudesse se tornar uma desvantagem se as condições mudassem rapidamente. Consequentemente, a equipe sênior da empresa analisou sua estrutura de custos e uma possível mudança de cenário nos cinco a dez anos seguintes sob uma série de condições globais de salários e taxas de câmbio. Eles também consideraram de que forma a organização poderia ser afetada por fatores como oscilações nos preços das *commodities* e custos de logística. Assim, a empresa determinou que, embora a China continuasse sendo a opção de manufatura mais atraente no curto prazo, os riscos associados à inflação dos salários e às mudanças nas taxas de câmbio eram reais o suficiente para tornar o México uma alternativa preferível em vários cenários plausíveis. Consequentemente, a instituição começou a construir silenciosamente nesse país sua base de fornecedores, na expectativa de aumentar sua presença de manufatura para que pudesse rapidamente flexibilizar a produção entre China e México, caso as condições exigissem.

Certamente, fazer esse tipo de movimento não é fácil, pois qualquer alteração na cadeia de suprimentos de uma empresa tem implicações de longo alcance em toda a organização. Para começar, tais mudanças exigem muito mais cooperação e compartilhamento de informações entre as unidades de negócios do que muitas empresas estão acostumadas.

No entanto, as recompensas valem a pena. Ao criarem cadeias de suprimentos mais resilientes e focadas que podem prosperar em meio a incertezas e complexidade aumentadas, as organizações ganham vantagens significativas para os próximos anos.

4.3.4 Exemplo de análise de uma cadeia de valor

Gallo (2010) e Isaacson (2014) apresentam várias histórias acerca da atuação profissional e pessoal de Steve Jobs. Com base nessas histórias e em várias outras coletadas na internet e em outros livros e artigos, compilamos uma análise mais aprofundada da cadeia de valor da Apple.

Quando Steve Jobs começou a construir computadores pessoais, nos anos 1980, em sua garagem, ele não estava fazendo isso pelos clientes, mas por si próprio. Os consumidores eram apenas um grupo de pessoas que julgaria se os computadores seriam ou não bons, pois não pretendiam em nenhum momento fazer pesquisas de mercado. Pouco mais de uma década depois, Jobs disse a famosa frase: "As pessoas não sabem o que querem até que você lhes mostre" (Jobs, citado por Gallo, 2010, p. 14).

Essas colocações nos dão uma compreensão única da mentalidade por trás da Apple. Enquanto Jobs insistia em fazer produtos que amava, a empresa gastou muito dinheiro em processos criativos internos – atividades de suporte da cadeia de valor. Tais investimentos foram possíveis em virtude do rígido controle sobre o custo das atividades primárias da Apple, como operações, logística e suporte (Pipedrive, 2022).

Isso é o que a análise da cadeia de valor da Apple mostra sobre como a empresa se tornou tão bem-sucedida. Então, vamos nos aprofundar um pouco mais nos processos de apoio e primários da cadeia de valor dessa organização.

Dois **processos de apoio** da empresa se destacam em sua cadeia de valor: pesquisa e desenvolvimento e gestão de recursos humanos.

Com relação à **pesquisa e desenvolvimento** (P&D), cabe destacar que a Apple até os dias atuais investe pesadamente nessa área. Em 2019, "mais de US$ 16 bilhões foram injetados em seu programa de P&D para continuar a pesquisa de produtos que possam manter a vantagem competitiva da Apple" (Pipedrive, 2022).

Quanto à **gestão de recursos humanos**, a Apple foi coroada a empresa mais admirada pelos funcionários em 2019, refletindo sua reputação de contratar e pagar bem. A empresa é conhecida por recrutar os melhores candidatos e até mesmo contratar talentos de outras empresas para fazer com que as melhores pessoas trabalhem para ela.

Os elementos que fazem parte dos **processos de apoio** da cadeia de valor da Apple são logística de entrada, operações, logística de saída, *marketing* e vendas e, finalmente, serviços.

No que se refere à **logística de entrada**, é preciso observar que a cadeia de suprimentos da Apple é enorme. Seus 200 principais fornecedores asseguram à empresa "98% das despesas de aquisição de materiais, fabricação e montagem de produtos" (Pipedrive, 2022), sendo que "a maioria desses fornecedores está localizada fora dos Estados Unidos, em países asiáticos como China, Japão e Taiwan" (Pipedrive, 2022). Além disso, "os fornecedores norte-americanos dos quais a empresa depende, como Foxconn e 3M, também são responsáveis por algumas de suas principais matérias-primas" (Pipedrive, 2022).

A análise mais profunda da cadeia de valor é um dos processos mais poderosos que uma empresa pode realizar. As informações detalhadas podem revelar quais são os verdadeiros gastos do negócio, como a empresa opera e de que forma consegue superar seus concorrentes. Na realidade, sem essa análise detalhada da cadeia de valor, é impossível saber onde cortar custos e como determinar qual vantagem competitiva é melhor para o negócio de uma forma geral.

Do mesmo modo, podemos perceber claramente que a análise da cadeia de valor é extremamente valiosa para identificar quais são as etapas consideradas desnecessárias na produção do produto. Ao avaliar a concorrência e limitar esse processo de desenvolvimento, a empresa pode tomar medidas para agregar valor a seu produto e, por fim, aumentar seus lucros no final do período.

4.4 Processos de melhoria

São frequentes as iniciativas de melhoria de processos dentro de empresas, independentemente do tamanho da organização. Além disso, uma iniciativa de melhoria de processos de negócios pode ser direcionada a um departamento individual ou gerar impacto de mudança em toda a organização. Garantir que uma iniciativa seja gerenciada como um projeto estratégico aumenta as chances de sucesso.

Podemos considerar que tais iniciativas são contínuas, pois, conforme as organizações crescem, elas precisam analisar e refinar continuamente seus processos para efetuar negócios da maneira mais eficaz possível. Os processos de ajuste fino fornecem à organização uma vantagem competitiva no mercado global, de acordo com Porter (2005).

A melhoria de processos, para Rosenstein (2010), é uma estratégia e, também, uma ferramenta para ajudar uma organização a cumprir suas metas e objetivos de longo prazo. Pode ser considerada um objetivo fundamental para todas as empresas que atendem às demandas de seus clientes, tanto internos quanto externos. Essa consideração depende da necessidade de mudança relacionada aos clientes da empresa, ao lançamento de novos produtos, a fusões ou aquisições e à expansão ou à contração do mercado. Nesse sentido, uma revisão contínua dos processos permite que as empresas se adaptem de forma eficaz às necessidades móveis de seus clientes e do próprio mercado.

Ao mesmo tempo, um processo pode inadvertidamente ter um efeito adverso em outros processos, como afirma Ackoff (1982). Por exemplo, digamos que uma empresa altere seu processo de pedido de vendas. Depois que esse processo é estabelecido, fica claro que a melhoria tem um processo direcionado e específico, e sua aplicação se faz necessária a fim de abordar essas questões como parte do processo de planejamento de risco. Além disso, o processo de atendimento do pedido revisado seria como uma extensão do processo de pedido de venda. Nesse processo inicial, é válido determinar se serão necessárias mudanças no processo de ordenação das vendas da empresa como um todo.

Embora um processo tenha início e fim definidos, ele apresenta um ambiente cíclico de melhoria contínua para as empresas. É provável que isso seja confundido com as atividades em andamento após a implementação do projeto inicial de melhoria do processo – mesmo assim, deve ser visto como um projeto separado para cada ciclo de melhoria.

Quando as iniciativas de melhoria de processo são formalmente implementadas por uma equipe de projeto liderada por um gerente experiente (em projetos de melhoria de processo), as seguintes etapas gerais podem incluir o trabalho de *design*:

- documentar o processo vigente para análise;
- medir o processo vigente (coleta de métricas) e desenvolver uma linha de base, na qual as métricas podem ser baseadas no cliente ou na organização;
- validar o processo documentado vigente e garantir que as métricas sejam definidas corretamente como base;
- definir novas métricas de processo com base em metas organizacionais de longo prazo;
- examinar um processo documentado para melhoria;
- verificar as mudanças de *design* do processo para entregar as melhorias desejadas;
- implementar uma nova mudança de processo.

Com essas etapas, percebemos que a melhoria de um processo se relaciona diretamente com a cadeia de valor proposta pela empresa.

4.4.1 O que é melhoria de processos

A melhoria de processos de negócios nada mais é do que uma abordagem sistemática dos processos da empresa com o objetivo de identificar, avaliar, analisar e melhorar os processos de negócios existentes para otimizar os processos principais a fim de obter os resultados mais eficientes.

Ao se concentrar na melhoria dos processos existentes, você verá o trabalho focado em atividades transformadoras quando seu negócio precisar escalar rapidamente ou melhorar a eficiência operacional. A metodologia de melhoria de processos foi documentada pela primeira vez no livro *Business*

Process Improvement, de H. James Harrington, publicado em 1991 (Chiavenato, 2014), e forma a base da metodologia para o redesenho de processos e a reengenharia de processos de negócios.

A estrutura de melhoria de processos inclui inúmeras ferramentas, técnicas e métodos para implementação, o que abrange, por exemplo, *six sigma*, *lean*, melhoria, zero defeito, reengenharia de processos de negócios e manutenção total da produção. Todas essas ferramentas, técnicas e métodos buscam acelerar a velocidade para atingir os melhores resultados dos processos a serem aprimorados nas organizações.

4.4.2 Tendências de melhoria de processos

Muitas empresas, já consideradas maduras, estão promovendo a melhoria de processos para redesenhar seus processos de negócios ou aumentar a satisfação da equipe (interna ou externa).

Para as empresas de hoje, o desafio é que os processos de melhoria de negócios devem considerar mais do que apenas fatores de custo. Portanto, apenas o suporte para programas de redução de custos (como automação e robótica) não é suficiente para aumentar a satisfação do cliente ou da equipe. Quando a implementação dessas técnicas ocorre rapidamente, elas podem não produzir os resultados de longo prazo que se esperam.

Ainda, as organizações precisam considerar os direcionadores de desempenho e custo, bem como os fatores de valor, porque eles estão intimamente relacionados à transformação e à inovação. Ademais, é importante determinar os direcionadores de valor e os fatores associados ao ciclo de *feedback* contínuo.

Apesar de muitas organizações terem implementado várias ferramentas e técnicas de melhoria de processos, como *lean*, TQM, *design* auxiliado por computador e processos aprimorados de desenvolvimento de produto de estágio de atendimento ao cliente, a maioria não consegue obter todos os benefícios dessas inovações, independentemente de tecnologias específicas. Isso acontece porque muitas empresas esquecem de analisar a raiz do problema, que se relaciona diretamente à introdução de um novo trabalho de melhoria entre as estruturas físicas, sociais e psicológicas que ocorrem durante o processo de implementação. Dessa forma, uma organização precisa entender como essas falhas ocorrem e elaborar uma estratégia para superar as manifestações patológicas por meio de estudos de caso de melhorias de processo bem-sucedidas.

Identificar e compreender métodos novos e aprimorados não é mais um obstáculo para a maioria dos gestores. Logo, o maior desafio não reside na implementação dessas inovações. Para resumir, não se pode comprar um programa de qualidade *six sigma* já pronto, por exemplo, pois ele deve ser desenvolvido de dentro para fora, assim como deve ocorrer com a maioria dos processos de melhoria.

4.4.3 Falhas comuns em processos de melhoria

Várias são as falhas que podem impactar a melhoria dos processos em uma empresa. A seguir, destacamos algumas delas:

- O processo carece de incentivos e se desvia do plano de melhoria, porque as pessoas não acreditam que o processo esteja introduzindo algo realmente novo na empresa.

- Ignora-se o impacto sobre os clientes – os funcionários nos bastidores não podem ver o impacto de seu trabalho nos clientes e, por isso, não desejam mudar.
- A falta de propriedade ou dependência dos funcionários do processo não é responsável pelo *design* do processo.
- Desencoraja-se a inovação quando os funcionários querem modernizar seus métodos de trabalho.
- Alguns seguidores fazem julgamentos complexos, são menos resilientes e podem violar melhorias do processo.
- O funcionário pode ser inútil para a empresa, irrelevante ou malicioso, e isso pode levar a problemas em processos triviais.
- Cogita-se a demissão de trabalhadores – funcionários que temem ser demitidos podem atrapalhar o processo.

Ainda que os processos de melhoria apresentem uma resposta tática a um problema, eles geralmente estão vinculados a um projeto de melhoria contínua ou a uma iniciativa estratégica maior, em que todos os funcionários estão envolvidos.

5

Parcerias estratégicas

Conteúdos do capítulo:

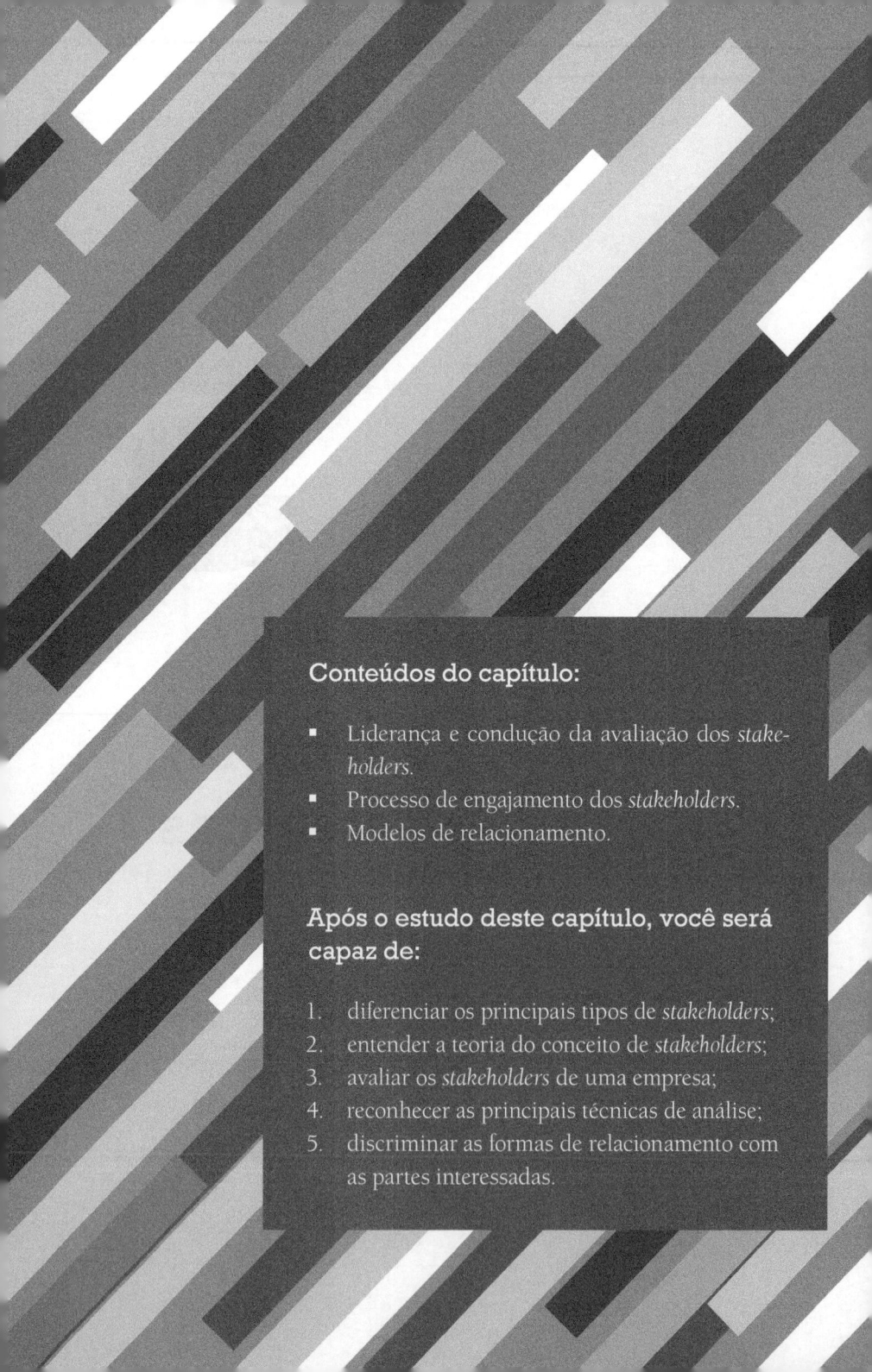

- Liderança e condução da avaliação dos *stakeholders*.
- Processo de engajamento dos *stakeholders*.
- Modelos de relacionamento.

Após o estudo deste capítulo, você será capaz de:

1. diferenciar os principais tipos de *stakeholders*;
2. entender a teoria do conceito de *stakeholders*;
3. avaliar os *stakeholders* de uma empresa;
4. reconhecer as principais técnicas de análise;
5. discriminar as formas de relacionamento com as partes interessadas.

Uma parceria estratégica acontece quando duas ou mais empresas decidem trabalhar juntas para alcançar um futuro benéfico para todos. Atualmente, essa prática não pode mais ser considerada novidade, pois já é usual no mercado. Outra característica a ser levada em conta em uma parceria estratégica diz respeito à possibilidade de as empresas buscarem expandir em conjunto a influência de suas marcas, o que é conhecido como *cobranding*. As oportunidades de *cobranding* acabam agregando valor aos negócios, além de aumentar o conhecimento da marca e construir confiança em relação ao público consumidor.

Algumas empresas podem nem ter muito em comum e, ainda assim, estabelecer uma parceria estratégica com o objetivo de expandir o público e entrar em novos mercados. São inúmeros os exemplos de organizações que buscaram alcançar um sucesso mútuo e que venceram por meio da constituição de equipes, como Starbucks e Google, Sherwin-Williams e Pottery Barn, Spotify e Uber, McDonald's e Coca-Cola, apenas para citar alguns exemplos.

Uma parceria estratégica pode ajudar um negócio a crescer de várias maneiras. Elencamos, na Figura 5.1, somente cinco formas.

Figura 5.1 – Benefícios das parcerias estratégicas

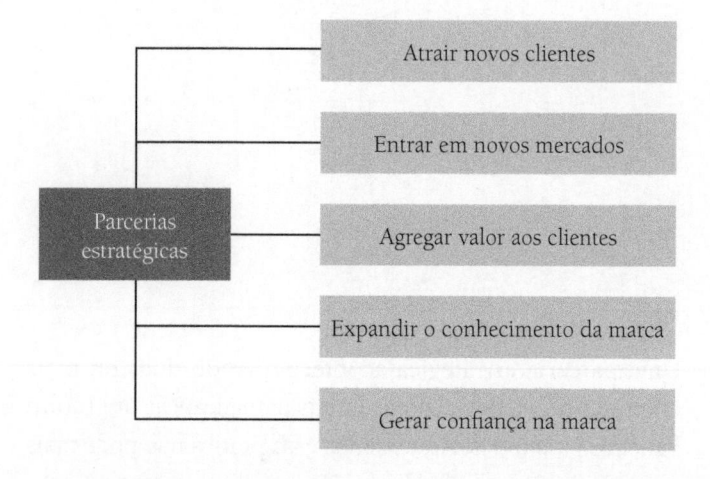

```
                                    ┌─ Atrair novos clientes
                                    │
                                    ├─ Entrar em novos mercados
                                    │
         Parcerias estratégicas ────┼─ Agregar valor aos clientes
                                    │
                                    ├─ Expandir o conhecimento da marca
                                    │
                                    └─ Gerar confiança na marca
```

Uma parceria estratégica pode significar **conquistar novos clientes**, incluindo uma possibilidade de publicidade gratuita, por meio da qual se pode atrair clientes ao trabalhar com outra empresa parceira. Essa é uma estratégia de *marketing* muito eficaz e que pode expandir a cobertura ao aumentar a base de clientes. Se a empresa for forte o suficiente, quase não haverá razão para outra organização rejeitá-la. Por exemplo, a Starbucks não tem motivos para recusar uma tentativa do Google de garantir determinado *marketing* gratuitamente, porque a Starbucks oferece muitos benefícios. Nesse sentido, a parte mais importante do desenvolvimento de uma empresa é expandir o escopo de serviços para a sociedade, já que, quanto mais pessoas veem determinado produto em um local, maior será a chance de encontrá-lo em outros lugares.

Além de elevar os serviços a uma base de clientes mais ampla, uma marca pode **expandir seus horizontes em áreas até então inexploradas**. Outro um benefício de uma parceria estratégica é o **valor que ela oferece a seus clientes** fiéis. Atrair clientes à medida que a empresa cresce pode ajudar a construir a lealdade. Você precisa mostrar sua preocupação aos clientes fiéis, visto que isso incentiva o uso de uma das ferramentas de *marketing* mais poderosas do mundo: a comunicação boca a boca. Os clientes que ouvirem comentários sobre sua empresa vão transmitir a informação aos amigos, os quais vão repassá-la a outros amigos, e assim por diante. Ao estabelecer o necessário para uma parceria com outras empresas, é possível aumentar as chances de obter anunciantes gratuitos e oferecer mais valor ainda aos atuais ou futuros clientes.

Outro papel importante das parcerias é **construir e expandir o conhecimento da marca**. Para uma organização pequena, o mais importante é divulgar informações e apresentar-se a outras pessoas. Quando você busca trabalhar com outras empresas ou pessoas influentes, fica mais fácil para as pessoas entrarem em contato com sua marca. Com isso, elas desenvolverão um certo tipo de curiosidade orgânica. O conhecimento da marca é um primeiro passo importante para se tornar um nome familiar no mercado, e você pode conseguir isso combinando serviços com parceiros de sucesso que tenham uma grande base de clientes. Depois disso, outras organizações também poderão solicitar que você se junte a elas, expandindo cada vez mais sua área de atuação.

Por sua vez, a **confiança na marca** surge naturalmente de uma boa cooperação empresarial. Quando as pessoas percebem que você trabalha bem com outras marcas e lucra com isso, é mais provável que elas estejam dispostas a fornecerem ajuda e suporte para sua empresa. Tudo isso faz parte da construção de uma rede saudável, estável e eficiente. Nesse cenário, você pode passar a ser visto de forma diferente no mercado, e então sua empresa pode ser considerada como um investimento valioso. A intenção é conseguir clientes para todos os parceiros, bem como poder trabalhar com novas pessoas por meio de parcerias capazes de ajudá-lo a expandir seus negócios quando você mais precisar. Como parcerias estimulam o crescimento e o foco em seu negócio de várias maneiras, o mais importante é encontrar e aceitar o parceiro certo.

As parcerias também podem incluir investimentos feitos por uma empresa em outra ou investimentos conjuntos feitos entre organizações, como acordos de aliança, acordos de *marketing* conjunto, investimentos de capital minoritário ou capital de *joint venture*.

Existem vários tipos de empresas que podem atuar como parceiros estratégicos, mas todas elas têm um objetivo comum: encontrar formas de crescer ou expandir seus negócios. Uma vez que as parcerias são uma alavanca de crescimento da empresa, apesar da alta complexidade, todos os negócios precisam ser gerenciados de forma inteligente.

Mas nem tudo pode ser maravilhoso em uma parceria estratégica, e alguns cuidados devem ser levados em consideração nesse processo. Barros (2001) afirma que a maioria das parcerias de negócios fracassa por vários motivos. Ainda, de acordo com a autora, para superar essas dificuldades, as organizações parceiras devem cumprir três regras simples de parceria, representadas pela interpretação de uma fórmula matemática (Figura 5.2).

FIGURA 5.2 – Regras simples de parcerias

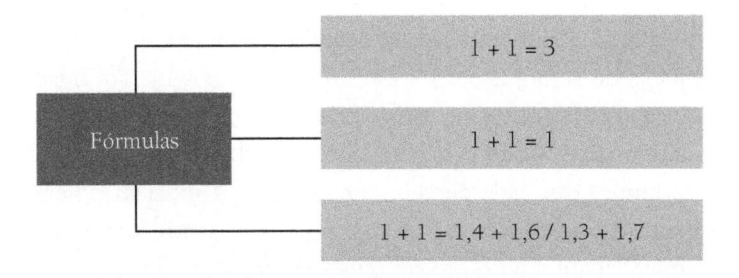

```
                   ┌─────────────────────────────┐
                   │         1 + 1 = 3           │
                   ├─────────────────────────────┤
   Fórmulas ───────┤         1 + 1 = 1           │
                   ├─────────────────────────────┤
                   │  1 + 1 = 1,4 + 1,6 / 1,3 + 1,7  │
                   └─────────────────────────────┘
```

Barros (2001) aponta que, ao se usar uma equação de valor 1 + 1 = 3, as empresas parceiras formam mais valores do que somente a junção entre duas empresas, criando, assim, um valor dividido entre elas. Se ambas as partes compartilharem recursos, será possível reduzir custos ou aumentar as vendas. Caso elas confiem nas categorias umas das outras, novos produtos e serviços poderão ser criados.

Uma colaboração entre a Disney e a Pixar é um bom exemplo da aplicação dessa regra. Atualmente, a Disney é dona da Pixar, mas esse relacionamento está intimamente vinculado às clássicas parcerias estratégicas. Na década de 1990, a Pixar tinha uma equipe avançada de produção de animação por computador, mas não sabia nada sobre indústria cinematográfica, canais de distribuição ou base de clientes, enquanto a Disney enfrentava o problema oposto, ou seja, não sabia nada sobre computadores. Após a fusão das duas empresas, nasceu uma franquia de extremo sucesso até os dias atuais: *Toy Story*.

A autora continua o raciocínio afirmando que, na equação de gerenciamento 1 + 1 = 1, os parceiros devem estabelecer os proprios planos como se fossem uma única unidade.

A Disney e a Pixar também se encaixam, em parte, nessa regra. Mesmo sendo apenas sócias antes da fusão, as duas empresas formavam uma equipe em que uma aprendia com a outra. Elas constituíram comitês e reuniões para tomar decisões conjuntas.

Barros (2001) finaliza explicando que a equação de distribuição do valor justo é $1 + 1 = 1{,}4 + 1{,}6 / 1{,}3 + 1{,}7$, por meio da qual os parceiros devem compartilhar o valor criado para cada um deles a fim de obter uma distribuição justa. O importante é que cada parceiro tenha retornos suficientes para continuar a cooperação. Se algum deles se sentir impotente, poderá abandonar o projeto ou até destruí-lo.

A Disney e a Pixar violaram essa lei. Inicialmente, a maior parte dos lucros foi arrecadada pela Disney. No entanto, à medida que a marca e os recursos começaram a crescer, a Pixar renegociou um acordo para obter mais benefícios. No final, as duas partes decidiram se fundir.

Tendo tudo isso em mente, vamos nos aprofundar um pouco no estudo das parcerias estratégicas, elencando algumas considerações de extrema importância para esse processo.

5.1 *Stakeholders*

Os *stakeholders* (partes interessadas) são específicos para cada tipo de empresa e geralmente estão relacionados a investimento financeiro. Eles podem contribuir diretamente para o sucesso da tomada de decisão de uma organização ao compartilhar suas opiniões sobre as decisões ou processos da empresa, fornecer lealdade ou participação contínua, aumentar ou diminuir o investimento financeiro e, por fim, manter as posições ou decisões que sejam contrárias aos objetivos da empresa.

São inúmeras as definições de *stakeholders*. A seguir, apresentamos a proposta por Thelma Rocha e Andrea Goldschmidt, no livro *Gestão de stakeholders*, publicado em 2010.

Os stakeholders são os públicos de interesse, grupos ou indivíduos que afetam e são significativamente afetados pelas atividades da organização: clientes, colaboradores, acionistas, fornecedores, distribuidores, imprensa, governo, comunidade, entre outros.

O termo stakeholder tem origem no termo stockholder (acionista), e amplia o foco da organização, que antes era satisfazer o acionista e passa a ser satisfazer seus públicos de interesse estratégicos, como clientes, funcionários, imprensa, parceiros, fornecedores, concorrentes, sindicatos e a comunidade local. (Rocha; Goldschmidt, 2010, p. 61)

Para Hanashiro et al. (2008), os *stakeholders* da empresa podem ser divididos em três categorias distintas: internos ou externos (Figura 5.3); primários ou secundários; e diretos ou indiretos.

FIGURA 5.3 – *Stakeholders* internos e externos

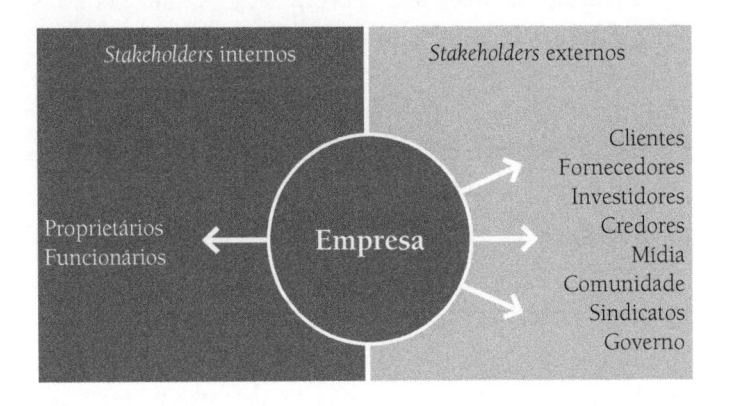

Stakeholders internos	*Stakeholders* externos
Proprietários Funcionários ← **Empresa** →	Clientes Fornecedores Investidores Credores Mídia Comunidade Sindicatos Governo

As autoras explicam essa separação da seguinte forma:

- O nome interno é igual ao nome próprio; dessa forma, os *stakeholders* **internos** se referem às partes interessadas afetadas diretamente pelos negócios da empresa, como os funcionários.
- Os *stakeholders* **externos** são aqueles que estão interessados no sucesso da empresa, mas que não têm uma relação direta com a organização. Os fornecedores são um exemplo.
- Os *stakeholders* **primários** dizem respeito às partes interessadas que prestam mais atenção aos resultados da empresa porque são diretamente afetadas pelos resultados organizacionais. Eles participam ativamente do negócio, mas não interferem diretamente nele. Como exemplo, podemos citar os clientes e os líderes de equipe.
- Os *stakeholders* **secundários** estão relacionados às partes interessadas situadas no nível geral mais baixo do organograma da empresa, as quais definem os procedimentos administrativos, financeiros e jurídicos.
- Os *stakeholders* **diretos** são as partes comprometidas nas atividades do dia a dia da organização. Os funcionários podem ser considerados partes interessadas diretas porque suas tarefas diárias giram em torno das atividades da empresa.
- Os *stakeholders* **indiretos** dizem respeito às partes interessadas que prestam atenção ao resultado final da empresa, e não aos processos de execução. Eles se preocupam com questões como preço, embalagem e disponibilidade. Os clientes são uma parte interessada indireta.

Entendemos que é de extrema importância considerar de que forma as decisões organizacionais afetam as partes envolvidas, uma vez que elas têm o potencial de fazer mudanças com base nas prioridades de gestão do negócio. É aí que surge a relevância de identificar as partes interessadas e saber do que eles precisam, a fim de que elas possam contribuir para que a empresa atinja os objetivos de negócios.

5.1.1 *Stakeholders* internos

Um *stakeholder* interno é uma parte interessada que participa diretamente das atividades da organização. Rocha e Goldschmidt (2010) destacam alguns *stakeholders* internos importantes para a maioria das empresas:

- **Funcionários**: as empresas contratam funcionários como recursos destinados à execução de tarefas que levam ao fornecimento de produtos ou serviços a clientes ou consumidores. Eles investem tempo e energia na organização e dependem diretamente da empresa para garantir a continuidade do emprego. Sua satisfação afeta a produtividade, que, por sua vez, também altera a produção geral e o sucesso, bem como a satisfação em outras áreas específicas. Os funcionários podem desempenhar atividades de gestão e supervisão, além de outras funções específicas dentro da empresa.
- **Proprietários**: são partes interessadas que têm direitos exclusivos sobre a propriedade ou o negócio. Geralmente, detêm total posse dos produtos e serviços que afetam os clientes, os quais, em última análise, compram os produtos e determinam que estes atendem ou excedem as metas de vendas. O sucesso de uma empresa, na maioria das vezes, depende do comportamento dos proprietários, pois são eles que fornecem capital ou ações para a organização e afetam todas as operações. Pode haver muitos proprietários em uma empresa, e cada um possui ações ou parte do capital social.

- **Gerentes**: constituem a parte interessada que supervisiona diretamente os funcionários de determinados departamentos na empresa. Ainda, os gerentes têm a responsabilidade de implementar as estratégias que são comunicadas pelo proprietário, bem como de delegar tarefas e garantir que os funcionários sigam instruções corretas na execução de suas atividades. Os gerentes devem cumprir suas tarefas e assegurar que os funcionários atinjam os objetivos previamente traçados. Todos os gerentes influenciam a estratégia que os proprietários decidem implementar.

Os *stakeholders* internos não se limitam aos citados, mas estes são considerados os mais importantes e devem ser gerenciados de perto pela empresa.

5.1.2 *Stakeholders* externos

Stakeholders externos são recebidos pela empresa e tomam decisões relacionadas ao negócio. São terceiros que têm influência direta na compra de produtos e no contato com a organização.

A seguir, apresentamos uma lista com alguns componentes externos mais comuns a que uma organização pode recorrer:

- **Clientes**: basicamente, os clientes compram os produtos ou os serviços de uma empresa. Se a empresa se beneficia da expansão de sua linha de produtos, os clientes podem usar os novos produtos. Normalmente, formam a base do sucesso de uma organização, e a satisfação do cliente pode ser transformada diretamente em satisfação com as peças internas. Sem clientes, a empresa não existe. Por isso, ela deve tentar se conectar com esses *stakeholders* e atender às suas necessidades. Em geral, o atendimento às necessidades do cliente é uma consideração extremamente importante para o sucesso de qualquer negócio. Além disso, os clientes têm uma participação direta na análise da qualidade dos produtos fornecidos pela empresa.

- **Comunidade**: é formada por pessoas que estão fora do local físico da organização. As opiniões pessoais da comunidade afetam a organização porque sua conformidade com a empresa e com outras regulamentações locais também causará alterações na personalidade da empresa. Ao se comunicar com as partes externas (clientes, acionistas e investidores), é possível construir um relacionamento positivo com a comunidade.

Assim, a relação da organização com as comunidades pode impulsionar a compra de produtos e serviços e contribuir para o sucesso financeiro da empresa. Atualmente, organizações promovem programas de responsabilidade corporativa social que beneficiam comunidades locais ou globais. Programas como o voluntariado, por exemplo, estabelecem conexões com as comunidades locais para persuadi-las a interagir. Nessa ótica, as empresas precisam se concentrar em comunidades que podem trazer mais vendas para seus negócios e desenvolver certos métodos para aumentar as perspectivas de vendas futuras.

- **Acionistas**: os acionistas detêm uma ou mais ações da organização. Muitos acionistas são partes externas, como clientes e pessoas da comunidade. Se um acionista tem mais ações da empresa, é mais provável que ele faça mais escolhas em nome do empregador. Tais decisões podem estar relacionadas a finanças, recursos humanos, estratégias etc. Dessa forma, a opinião dos acionistas influencia a forma pela qual o proprietário determina a estratégia da empresa e para quem vendê-la. Assim, construir um relacionamento duradouro com todos os acionistas pode aumentar sua disposição de investir na empresa, ao mesmo tempo que fornece *feedback* sobre sua decisão de criar produtos e serviços adequados a cada parte interessada.

- **Investidores**: podem ser proprietários, mas também fornecedores terceirizados com acesso a informações e oportunidades precisas (como contas financeiras regulares). Os investidores também podem ter o direito de aprovar ou rejeitar decisões importantes, como fusões e aquisições. Eles não fornecem apenas financiamento para ajudar a empresa a expandir seus negócios; também podem apresentar ideias e sugestões, bem como inspirar, ajudar a avaliar e melhorar a imagem da organização.
- **Credores**: podem ser o proprietário, a empresa ou o governo que emprestou bens, serviços ou capital da organização. Existem dois tipos de credores: os credores garantidos (que têm garantias legais para parte dos ativos da empresa) e os não garantidos (fornecedores, clientes ou contratantes que podem pedir capital emprestado sem garantir o retorno). Os credores são pagos pela venda dos produtos ou serviços da empresa. No final das transações, eles pagam aos acionistas.
- **Governo**: é o regulador do país em que a empresa opera. Ele isenta empresas do pagamento de tributos, mas também estipula a legislação trabalhista que o sindicato deve cumprir para proporcionar aos empregados condições seguras de trabalho. Além disso, as regras estabelecidas são utilizadas para proteger os consumidores do sistema financeiro. As empresas devem obedecer a regulamentações federais, estaduais e locais para continuar e expandir seus negócios, o que torna a parte externa crítica para o sucesso da organização. Cumprir essas leis, ser transparente quando necessário e buscar oportunidades de cooperação com agências governamentais para fornecer

serviços mutuamente benéficos pode ajudar as organizações a alcançar um maior desenvolvimento no governo.
- **Sindicatos**: muitas empresas e sociedades cooperam com sindicatos que representam legalmente seus funcionários, bem como com a administração em todos os níveis para garantir salários, benefícios e condições de trabalho específicos para todos. Os trabalhadores pagam cotas ou doações sindicais a fim de obter tal representação e negociam contratos para assegurar ou melhorar as condições de trabalho. Nesse sentido, se uma mudança na política da empresa afeta os trabalhadores, o sindicato deve intervir com o objetivo de garantir que os trabalhadores representativos atinjam seus objetivos. Como o sindicato trabalha em estreita colaboração com os empregados, a satisfação desse órgão está diretamente relacionada com os sentimentos dos empregados. A satisfação da sociedade externa é crítica para a produtividade, assim como para o sucesso financeiro e cultural da empresa. Para resumir: um sindicato é uma organização de trabalhadores em um departamento específico que usa uma negociação coletiva para assegurar bons salários, benefícios, estabilidade no emprego ou *status* sociopolítico.
- **Concorrentes**: um concorrente é uma entidade com objetivos que entram em conflito com os de outra empresa que fornece produtos e serviços semelhantes. Essas empresas competem pelas mesmas oportunidades de lucro no mesmo mercado. Em comparação com outras organizações do setor, a concorrência acirrada pode encorajar associações a obter melhores produtos e serviços, melhorar o *marketing* de audiência e aumentar os lucros.
- **Fornecedores**: o fornecedor vende produtos para a empresa e acredita que é possível lucrar com a venda deles. Além de garantirem a própria geração de receita,

os fornecedores também se preocupam com a segurança, pois seus produtos podem direcionar diretamente uma operação de seu negócio.

- **Mídia**: toda empresa precisa estabelecer contato com publicações de mídia para divulgar sua marca. Normalmente, as organizações necessitam da mídia para fazer anúncios importantes ou promover seus produtos.

A chave para gerenciar as partes envolvidas é assegurar que as opiniões de todas as partes do acordo sejam ouvidas sem manipular o processo.

5.1.3 A teoria do conceito de *stakeholders*

Desenvolvida por Edward Freeman, a teoria do conceito de *stakeholders* propõe que uma empresa tem a responsabilidade de cuidar de todos os que são afetados por seu negócio. Tal conceito pressupõe que a organização seja comandada por administradores independentes dos próprios proprietários (os administradores são indicados pelos acionistas para representá-los, com o objetivo principal de maximizar os lucros).

Em um sentido limitado, as partes definidas pela teoria do conceito de *stakeholders* incluem acionistas, clientes, funcionários, fornecedores, comunidades locais e governos. De modo geral, também podem abranger o meio ambiente, futuros funcionários, fornecedores, clientes e, ainda, um país. Na realidade, a lista pode ser interminável, o que por si só levanta as questões do conceito de partes. As diferentes partes identificadas podem ser uma mesma pessoa, especialmente em comunidades menores (por exemplo, os funcionários também podem ser clientes).

Segundo Rosenstein (2010), como padrão de atividades diárias, o negócio será administrado e seus recursos serão pagos para atender às metas específicas organizadas pela empresa. Pode-se afirmar que os acionistas criaram a organização para atender às necessidades e buscar aprovações de todas as partes. De acordo com várias pesquisas conduzidas por Peter Drucker, citadas por Rosenstein (2010), as empresas geralmente não são organizadas para esse tipo de mentalidade.

Uma alternativa à teoria do conceito de *stakeholders* é a teoria do acionista (ou teoria da maximização do lucro), desenvolvida por Milton Friedman (Rosenstein, 2010). Essa teoria sugere que os acionistas são os únicos a serem considerados na tomada de decisão. A base para isso é que os acionistas investem o próprio dinheiro nos negócios da empresa e usam fatos por meio da gestão, os quais não são exigidos por lei ou considerados éticos (concorrência aberta ou livre; sem fraude ou com fraude etc.).

É importante observar que a teoria da maximização do lucro não impede a administração de tomar decisões que afetam as partes envolvidas, desde que se acredite que tais decisões possam aumentar o retorno do negócio. Caso não seja possível obter o lucro máximo da atividade, os acionistas podem sacar recursos para investir em empresas mais rentáveis. Por sua vez, isso terá um impacto nas partes interessadas. O preço das ações da empresa pode cair, dificultando a captação de recursos, o que tende a reduzir ainda mais a lucratividade da organização, e as consequências podem ser espirais.

5.2 Avaliação de *stakeholders*

Uma análise mais aprofundada das partes envolvidas é o primeiro passo no gerenciamento dos *stakeholders* de qualquer tipo de empresa. Trata-se de um processo importante, usado por gestores de sucesso para obter o apoio de outras pessoas. Esse tipo de abordagem pode trazer alguns benefícios para as empresas, tais como os apresentados na Figura 5.4.

FIGURA 5.4 – Benefícios da avaliação de *stakeholders*

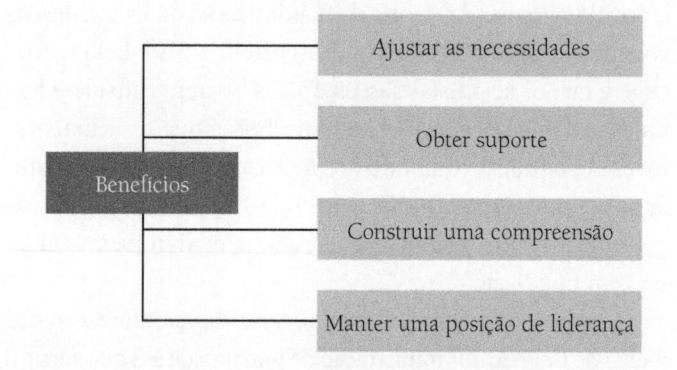

```
                   ┌─── Ajustar as necessidades
                   │
                   ├─── Obter suporte
   Benefícios ─────┤
                   ├─── Construir uma compreensão
                   │
                   └─── Manter uma posição de liderança
```

Para **ajustar as necessidades**, é preciso, antes de qualquer ação, entender quem são os *stakeholders* mais poderosos, a fim de que eles possam ajudar a definir as estratégias dos estágios iniciais. Tais partes interessadas têm mais probabilidade de serem úteis à empresa, e suas contribuições podem melhorar a qualidade esperada.

Buscar **obter suporte** de todas as partes interessadas pode ajudar a garantir mais recursos, como pessoas, tempo ou dinheiro. Isso aumenta a probabilidade de sucesso no futuro, de acordo com as necessidades da organização.

Tanto para o ajuste das necessidades quanto para a obtenção do suporte, **construir uma compreensão**, comunicando-se frequentemente com todas as partes e com antecedência, é de extrema importância. Agindo-se dessa forma, pode-se garantir que ambas as partes entendam totalmente o que está sendo feito e compreendam também os benefícios propostos. Isso significa que elas podem apoiar mais ativamente quando necessário.

Por fim, é possível **manter uma posição de liderança** conhecendo-se os elementos configurados, o que pode ajudar a prever e antecipar uma reação às necessidades durante todo o processo de desenvolvimento. Isso permite que se planejem atividades que podem ser apoiadas.

5.2.1 Condução da avaliação de *stakeholders*

Barros (2001) defende que são necessárias três etapas para analisar os *stakeholders*. Primeiro, é preciso determinar quem são eles. Em seguida, deve-se analisar o poder, a influência e os interesses das partes interessadas, para descobrir em quem você deve se concentrar. Finalmente, deve-se ter um bom entendimento dos *stakeholders* mais importantes para identificar de que maneira eles podem reagir e como obter seu apoio. Após a conclusão da análise, você pode continuar a gerenciar os *stakeholders* para entender como se comunicar com cada um deles.

Vamos descrever mais detalhadamente essas três etapas de análise.

5.2.1.1 Identificar as partes interessadas

Comece fazendo um *brainstorming* para identificar quem são seus *stakeholders*. Como parte disso, considere todos aqueles que são afetados por seu trabalho, que têm influência ou poder sobre ele ou que precisam de seu sucesso ou fracasso para concluí-lo.

A lista a seguir relaciona algumas partes interessadas que podem ser identificadas:

- acionistas;
- governo;
- executivos da empresa;
- parceiros comerciais;
- associações profissionais;
- fornecedores;
- imprensa;
- funcionários;
- credores;
- grupos de interesse;
- clientes;
- analistas de mercado;
- comunidade;
- contribuidores principais;
- conselheiros.

As diferentes partes interessadas, como podemos verificar, podem ter várias origens, mas tudo se resume a se comunicar com as pessoas. Portanto, de forma concreta, a identificação desse elementos deve ser conduzida com base em partes específicas para o negócio.

5.2.1.2 Priorizar as partes interessadas

Após a identificação das partes interessadas, é necessário verificar quais delas podem interromper ou acelerar o trabalho na empresa. Algumas podem depender daquilo que você está fazendo, enquanto outras podem não se importar com isso. Por essa razão, você precisa descobrir quem deve ser priorizado.

Utilizando-se um simples diagrama, é possível mapear os *stakeholders* e classificá-los com base no poder sobre o trabalho que você exerce, bem como no interesse em sua rede de poder e de interesse (Figura 5.5).

FIGURA 5.5 – Grade de poder e interesse

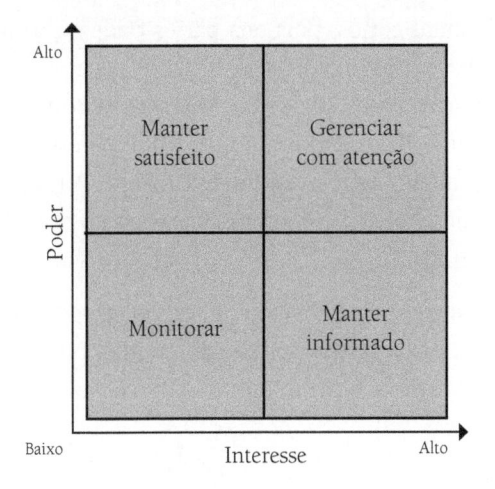

	Interesse Baixo	Interesse Alto
Poder Alto	Manter satisfeito	Gerenciar com atenção
Poder Baixo	Monitorar	Manter informado

A posição que você atribuiu às partes interessadas, de acordo com seu poder e interesse, mostra a ação que deve ser realizada com cada um deles.

- **Gerenciar com atenção**: refere-se aos *stakeholders* com alto poder e interesse, os quais exigem uma gestão mais rigorosa. Por isso, você deve participar integralmente das ações dessas partes interessadas, gastando todos os esforços necessários para satisfazê-las.
- **Manter satisfeito**: diz respeito aos *stakeholders* fortes em relação ao poder, mas pouco exigentes quanto ao interesse. Dessa forma, você deve trabalhar duro para agradá-las, mas não o suficiente para tornar sua mensagem entediante.
- **Manter informado**: relaciona-se aos *stakeholders* que apresentam baixo consumo de energia, mas que têm certa experiência e interesse. Isso o obriga a manter essas pessoas informadas e a conversar com elas para evitar problemas sérios, pois tais partes podem ser de grande auxílio para a organização.
- **Monitorar**: vincula-se aos *stakeholders* que têm baixo consumo de energia e também de interesse, o que exige somente um breve monitoramento. Portanto, não se incomode com a comunicação excessiva para com esses elementos.

Por exemplo, seu chefe pode ter muito poder, influência e interesse em seu projeto. Já sua família pode estar muito interessada em tal projeto, mas nada pode fazer a respeito.

5.2.1.3 Entender as principais partes interessadas

A última etapa consiste em descobrir o que as principais partes interessadas pensam sobre o que está sendo proposto. Ainda, você precisa aprender como interagir melhor e se comunicar especificamente com esses *stakeholders*. Algumas perguntas que podem ajudar a entender cada parte interessada são apresentadas a seguir:

- Quais são seus benefícios financeiros ou emocionais decorrentes do trabalho? São positivos ou negativos?
- Qual é sua maior motivação?
- Que informações os *stakeholders* fornecem sobre você e qual é a melhor maneira de se comunicar com eles?
- O que eles acham de seu trabalho? Tal opinião se baseia em boas informações?
- De modo geral, quem influencia sua opinião e quem exerce influência na opinião que você tem de si mesmo? As pessoas influentes se tornarão partes importantes?
- Se for improvável que obtenham resultados positivos, como eles serão persuadidos a apoiar seu projeto?
- Se não for possível superar esses desafios, como você lidará com suas escolhas?
- Quem mais sua opinião afetará?

Você pode fazer essas perguntas diretamente às partes interessadas, pois muitas delas, geralmente, são abertas às suas opiniões. Por isso, questioná-las a respeito dessas temáticas pode ser o primeiro passo para construir um relacionamento bem-sucedido. Nessa direção, uma maneira fácil de resumir o nível de suporte que você compartilha em relação às partes interessadas é codificar por núcleo. Por exemplo, indique os defensores e apoiadores em verde, os bloqueadores em vermelho e os neutros em laranja, como demonstrado na Figura 5.6.

FIGURA 5.6 – Entendendo as partes interessadas

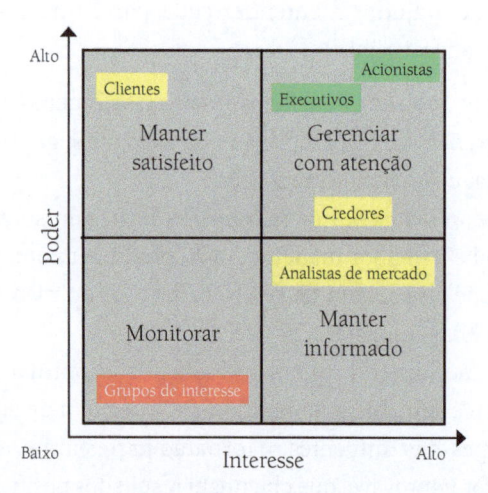

	Interesse	
Poder Alto	Manter satisfeito (Clientes)	Gerenciar com atenção (Acionistas, Executivos, Credores)
Baixo	Monitorar (Grupos de interesse)	Manter informado (Analistas de mercado)

Como podemos observar, é preciso muito esforço para convencer os acionistas e os executivos, enquanto os analistas de mercado somente devem ser mantidos informados acerca do que a empresa está propondo.

5.3 Liderança entre os *stakeholders*

Conforme verificamos anteriormente, os *stakeholders* são grupos, associações ou organizações que podem ser afetados (ou que se acredita serem afetados) pelas ações executadas pela empresa. Eles também podem ser identificados como fontes específicas em certas funções.

Um dos principais aspectos do gerenciamento dos *stakeholders* é que ele envolve ativamente as seguintes partes:

- Os líderes da empresa devem usar uma declaração de visão para refletir todas as partes interessadas de forma que elas se comprometam com um futuro ganha-ganha. Essa é a garantia de que os elementos básicos são os benefícios que o gerenciamento dos *stakeholders* pode trazer.
- Os executivos da empresa devem envolver uma operação de orientação voltada a todas as partes interessadas durante o período de transição. Para que esta ocorra sem problemas, todas as partes envolvidas devem ser totalmente persuadidas.
- Esforços inadequados podem ter consequências desastrosas para o que está sendo proposto. Outro benefício da participação das partes interessadas é que isso pode levar à determinação de novos benefícios.

A Figura 5.7, a seguir, mostra os diferentes tipos de respostas das partes interessadas.

Figura 5.7 – Respostas dos *stakeholders*

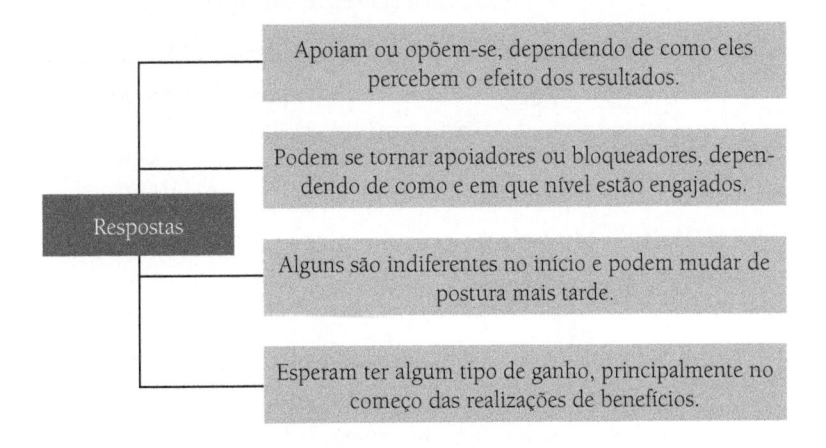

Respostas	
	Apoiam ou opõem-se, dependendo de como eles percebem o efeito dos resultados.
	Podem se tornar apoiadores ou bloqueadores, dependendo de como e em que nível estão engajados.
	Alguns são indiferentes no início e podem mudar de postura mais tarde.
	Esperam ter algum tipo de ganho, principalmente no começo das realizações de benefícios.

Analisando um pouco mais a fundo essas possibilidades dos *stakeholders* em relação ao gerenciamento, temos as seguintes considerações:

- Algumas partes interessadas concordam que podem apoiar ou rechaçar o proposto, a depender de como veem o impacto dos resultados futuros.
- De acordo com os benefícios iniciais, alguns grupos de *stakeholders* esperam ganhar, enquanto outros podem perder ao longo do planejamento.
- Mesmo que as evidências mostrem que esse não é o caso, alguns *stakeholders* podem considerar o proposto apenas como uma ameaça. Embora algumas partes interessadas sejam completamente independentes em relação ao procedimento, elas podem mudar suas posturas com base no que for fornecido inicialmente.
- Algumas partes interessadas concordam que podem apoiar ou bloquear o proposto pela empresa, a depender da forma e do nível de sua participação.
- Ao interagir com as partes interessadas, é importante obter o apoio da maioria delas ou, ao menos, garantir que a maioria dos *stakeholders* seja indiferente.

Envolver todas as partes interessadas no trabalho é uma forma de impactar e alcançar resultados positivos por meio de uma gestão de relacionamento eficaz.

5.3.1 Processo de engajamento dos *stakeholders*

A participação dos *stakeholders* deve ocorrer em conformidade com o que é proposto pela empresa, com o objetivo de garantir o máximo apoio das partes interessadas. Para isso, é preciso seguir as etapas indicadas na Figura 5.8.

Figura 5.8 – Etapas do processo de engajamento dos *stakeholders*

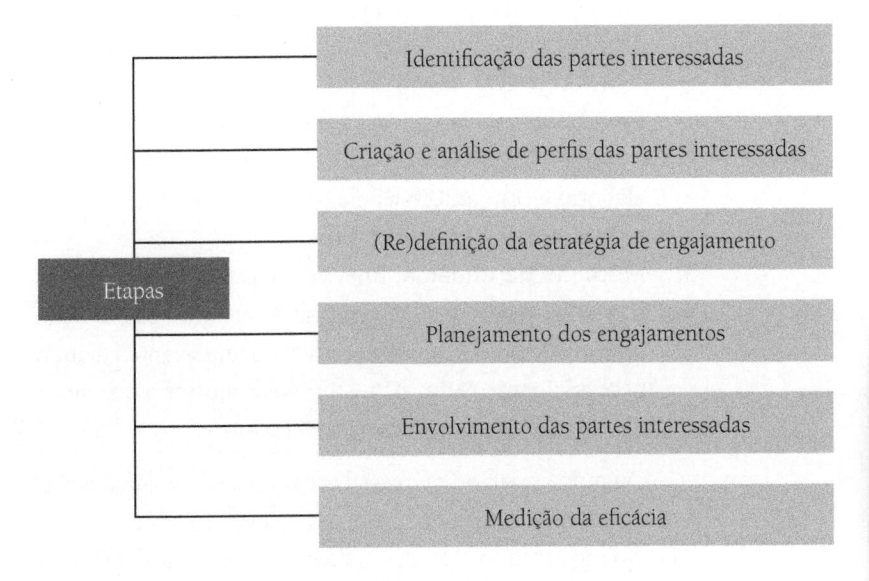

- Etapas
  - Identificação das partes interessadas
  - Criação e análise de perfis das partes interessadas
  - (Re)definição da estratégia de engajamento
  - Planejamento dos engajamentos
  - Envolvimento das partes interessadas
  - Medição da eficácia

Vejamos como se caracterizam essas seis etapas:

1. **Identificação das partes interessadas**: o primeiro passo para envolver os *stakeholders* é identificá-los e determinar seu real interesse.
2. **Criação e análise de perfis das partes interessadas**: depois que as partes interessadas são identificadas, os contornos devem ser expostos e as estratégias devem ser estabelecidas. Isso ajudará a determinar o foco principal de cada *stakeholder* e, assim, remodelar a estratégia para interagir com as partes interessadas específicas.
3. **(Re)definição da estratégia de engajamento**: uma análise pode ser realizada usando-se ferramentas como diagramas de peças completas e diagramas de matriz de impacto.
4. **Planejamento dos engajamentos**: depois de redefinir a estratégia necessária para o contato com as partes

interessadas, é necessário determinar quem liderará todo o processo, quando e com quem. Além disso, é preciso elencar as principais mensagens e canais de comunicação que serão utilizados para interagir com as partes interessadas.

5. **Envolvimento das partes interessadas**: de acordo com a estratégia de participação específica dos *stakeholders* elaborada com antecedência, o envolvimento das partes interessadas deve ocorrer na sequência.

6. **Medição da eficácia**: uma vez que as partes interessadas já foram envolvidas, deve-se determinar se o que foi proposto a todos é realmente eficaz. É importante, quando necessário, mensurar os resultados e ajustar a estratégia de participação das partes interessadas.

Quando as partes interessadas existentes mudam e novas partes entram, surge outro problema sério. Nesse cenário, é preciso repetir todo o processo de participação de determinado *stakeholder* para cada nova parte interessada. O resultado dessa etapa também afetará a estratégia geral de participação, podendo-se redefini-la com base no *feedback* e nos resultados garantidos pela empresa.

5.3.2 Técnicas de análise

Existem várias técnicas que podem ser utilizadas no processo de identificação de liderança entre os *stakeholders*, mas aqui destacamos duas das mais usuais: o princípio de Pareto (que abordamos anteriormente, mas com outra aplicabilidade) e o sociograma.

5.3.2.1 Princípio de Pareto

Muitos fatores podem acarretar mudanças relevantes ao longo do processo de identificação de liderança. Em razão da grande quantidade de dados que devem ser levados em consideração, a utilização do princípio de Pareto (Figura 5.9) é de extrema importância, pois ele aponta que 20% dos fatores determinam 80% dos resultados.

As partes interessadas nesse processo de análise são as mesmas: cerca de 20% das partes interessadas assumindo 80% das responsabilidades de liderança. Esse processo é utilizado para destacar os *stakeholders* que permanecerão na análise e aqueles que podem ser eliminados.

FIGURA 5.9 – Análise por meio do princípio de Pareto

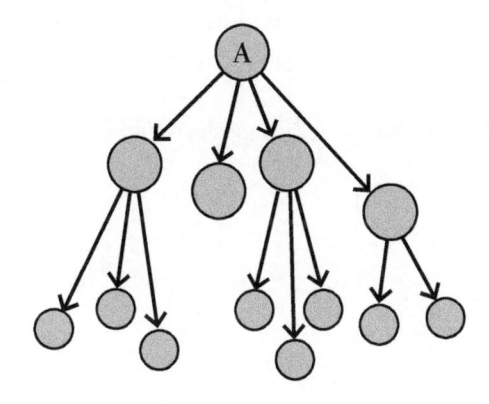

Considerando a Figura 5.9, podemos entender que, sendo a parte interessada definida no vértice, o máximo cuidado deve ser tomado, pois a liderança pode ser sutil, de acordo com o princípio de Pareto, uma vez que os *stakeholders* podem estar classificados de três formas diferentes: aliados poderosos, inimigos perigosos ou *stakeholders* neutros.

Quando as partes interessadas expressam seu entusiasmo pela liderança, é importante oferecer-lhes apoio e recursos para defender essa posição. Devemos sempre manter isso em mente, não apenas por conta da propriedade, mas também pelo fato de não querermos somente verificar a independência das partes interessadas no processo proposto.

5.3.2.2 Sociograma

Certas partes interessadas podem ocupar uma posição central na rede de influência da empresa, e uma ferramenta extremamente útil para analisar esse ecossistema é o gráfico social ou sociograma (Figura 5.10). Nessa técnica, todos os *stakeholders* aparecem como nós, e as regras entre eles estão marcadas com linhas. Agrupamos as partes necessárias que estão mais próximas, embora esse não seja necessariamente o procedimento-padrão para todas as formas de influência.

FIGURA 5.10 – Análise por meio do sociograma

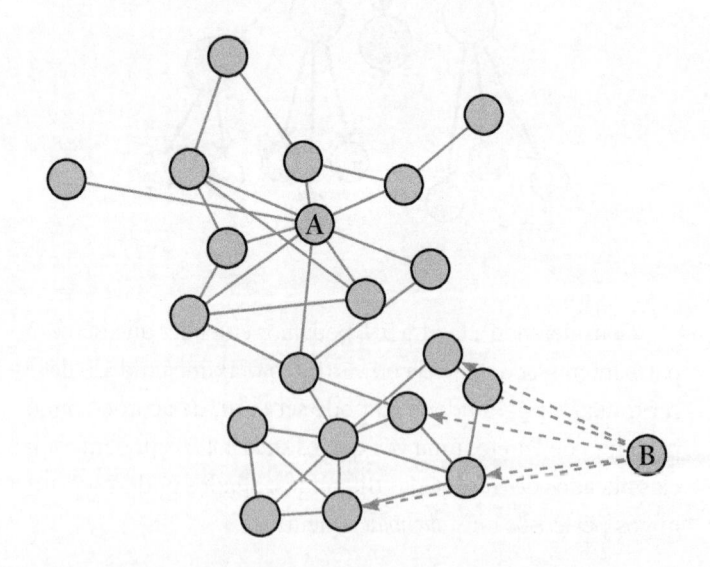

Podemos usar as setas que indicam a direção da influência para aumentar a quantidade de informações inseridas no gráfico social, de modo que A afete principalmente B, e então uma seta aponta de A para B. Se A e B podem conduzir igualmente, as setas duplas podem ser usadas. Também podemos utilizar a espessura da linha para indicar a força ou o grau de influência do relacionamento e usar uma linha mais grossa (ou dupla) para sinalizar uma conexão mais forte.

No sociograma, a parte do ápice parece ocupar a posição central, ligando-se a muitas outras partes interessadas, as quais também podem ser removidas como conectores: trabalhos delicados que abrangem dois ou mais grupos.

5.4 Modelos de relacionamento

Muitas empresas se concentram no gerenciamento das variáveis que afetam o relacionamento com os *stakeholders*. Embora seja importante considerar as condições de economia (como o valor do dólar e os preços de *commodities*) ao tomar decisões em relação à gestão das partes interessadas, também é relevante notar que as regras têm pouco controle sobre essas variáveis. Assim, a empresa deve gerenciar o número de variáveis que devem controlar a identificação e a organização das partes interessadas.

Muitas recomendações tratam apenas de questões internas e não reconhecem a importância dos *stakeholders* quanto às questões externas. As empresas que se concentram apenas em seus *stakeholders* minoritários internos ou externos realmente não podem identificar as mudanças, ou seja, verificar se elas são mais fortes ou mais fracas. Cada empresa privada, instituição pública ou sem fins lucrativos precisa se concentrar em seus principais *stakeholders*. Fazendo-se uma analogia, é como um malabarista segurando várias bolas ao mesmo tempo. Se ele se concentrar muito em uma bola, poderá deixar cair outras, e a ação falhará.

Com a enorme atuação das mídias sociais nos dias atuais, os *stakeholders* insatisfeitos serão mais propensos a divulgar suas preocupações a outras partes interessadas. Felizmente, o oposto também é verdadeiro: os *stakeholders* satisfeitos são mais propensos a recomendar a empresa para outras pessoas ou organizações que usam as mídias sociais.

De acordo com Hanashiro et al. (2008), essa técnica é chamada de *modelo centrado no relacionamento* e permite à empresa concentrar-se nas variáveis que podem ser controladas, além de maximizar a taxa de sucesso da organização sem ter de desconsiderá-las.

Por que a organização deve adotar um modelo voltado para o relacionamento com as partes interessadas? A resposta a essa pergunta é fácil, mas, ao mesmo tempo, complicada. Para empresas que mantêm um relacionamento próximo com as partes interessadas e buscam atender às suas necessidades, o modelo orientado ao relacionamento corresponde a uma atualização da importância de uma organização em crescimento para maximizar seu potencial.

Para uma organização que ignora as partes interessadas e se concentra no desempenho financeiro, o modelo orientado para o relacionamento ensinará a importância de estabelecer e nutrir mudanças que afetarão o verdadeiro sucesso máximo da organização. Nesse sentido, a Figura 5.11 demonstra quais são os principais relacionamentos existentes em uma organização.

Figura 5.11 – Principais relacionamentos de uma empresa

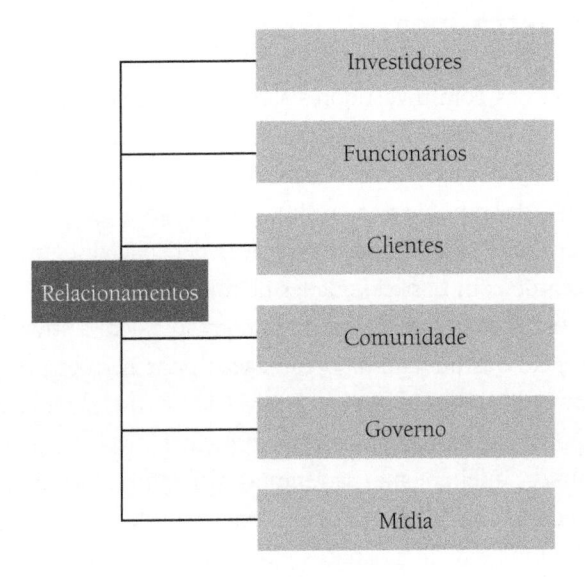

```
                    ┌─ Investidores
                    ├─ Funcionários
                    ├─ Clientes
   Relacionamentos ─┤
                    ├─ Comunidade
                    ├─ Governo
                    └─ Mídia
```

Independentemente dos interesses particulares, esses seis tipos de relacionamento em uma empresa podem direcionar sua capacidade para gerenciar mudanças que afetam a organização de uma forma holística, apoiando os desafios ao seu redor e deixando-a mais próxima das oportunidades, o que maximiza o potencial da organização.

Vamos analisar com mais detalhes cada um desses tipos de relacionamentos, de acordo com a perspectiva de Hanashiro et al. (2008).

5.4.1 Relacionamento com os investidores

As relações com investidores são atividades corriqueiras da empresa. Por meio delas, a organização pode chegar a acordos eficazes com investidores, financiadores, analistas financeiros e meios de comunicação. Assim, podem não só garantir a confiança como também permitir o acesso a taxas diferenciadas de acordo com as necessidades de financiamento.

As relações com investidores correspondem a atividades por meio das quais uma organização pode manter um relacionamento consciente com os investidores que já têm e com os potenciais, a fim de garantir o melhor nível de todos os recursos. Infelizmente, são muitas as organizações do setor privado que ignoram as relações com investidores. No entanto, existe uma tendência atual a esse tipo de relação, que pode conquistar a atenção de certos grupos externos.

Basicamente, a responsabilidade das relações com investidores não consiste apenas em construir e entender a organização, mas também em ajudá-la a obter capital e liquidez e promover uma avaliação justa das ações. Trata-se de uma discussão que inclui associações que recebem *feedback* de investidores, comunidades de investidores e mídia financeira.

Para que uma empresa se comunique com a mídia financeira especializada, seus representantes devem compreender que simbolizam uma organização dinâmica e que a empresa pode, sim, ser "aberta" para os jornalistas financeiros. Nesse sentido, o crescimento da demanda por notícias financeiras (para não mencionar todas as notícias), junto com a redução da mídia, levou a um grande aumento na carga de trabalho dos jornalistas. Por conta da velocidade proporcionada pela internet e pelas mídias sociais, esses profissionais estão constantemente atualizando as notícias para manter a natureza editorial de suas reportagens. Vale ressaltar que, à medida que outras relações melhoraram, investidores estrangeiros e novos investidores com um imparcial interesse pela organização foram reduzindo a necessidade de financiamento e de avaliação de projetos.

5.4.2 Relacionamento com os funcionários

Os serviços dos funcionários cobrem as práticas de gerenciamento que afetam toda a organização, os membros da equipe e os serviços dentro da empresa.

Nos últimos anos, muitas instituições têm lutado a fim de atrair novos talentos para seus quadros funcionais e, em muitos setores, uma competição por esses talentos é extremamente feroz. Mesmo que o salário oferecido seja superior à média adotada pelo mercado, uma empresa pode encontrar dificuldades em contratar novos funcionários.

Nesse contexto, é importante entender como as pessoas trabalham para a organização. Uma das maneiras mais eficazes de perceber isso é por meio de reconhecimento profundo de grupos de foco de funcionários, bem como de pesquisas. Se uma investigação inicial descobrir que uma direção organizacional é inconsistente com a direção das prioridades dos funcionários, é recomendável realizar uma reunião de formação de equipe. Essa reunião deve ser pautada na busca das respostas a quatro perguntas: Onde estamos agora? Para onde estamos indo? Como chegaremos lá? Como saberemos que chegaremos lá?

Lembre-se: quando os funcionários estão felizes, eles são os melhores embaixadores. Os funcionários da linha de frente são as pessoas que interagem com os consumidores e clientes potenciais da organização todos os dias e, em última instância, são indivíduos que transmitem os valores e a cultura da organização para a sociedade.

5.4.3 Relacionamento com os clientes

O relacionamento com os clientes pode ser analisado com base na forma como uma organização interage com eles, como pode contatá-los para *feedback*, informações, consultoria e colaboração. Os clientes buscam as empresas que podem lhes fornecer produtos, serviços ou programas.

Nessa ótica, o relacionamento com o cliente e seu respectivo desenvolvimento devem ser as prioridades das operações de qualquer organização. Muitas empresas são incapazes de manter a visibilidade necessária para seus clientes, enquanto outras tendem a se concentrar demais nos clientes existentes, impedindo-as de prospectar novos consumidores, o que prejudica gravemente seu crescimento.

Trata-se, portanto, de formar uma base para o estabelecimento de muitas fontes de dados e informações de extrema importância para a empresa. Independentemente de o lema da organização ser "serviço é nosso nome do meio" ou "até nunca estar satisfeito", a maioria das empresas não consegue seguir até o final aquilo que se propõe a fazer. À medida que a organização cresce, fica cada vez mais difícil garantir que ela continue se concentrando no cliente. Assim, para manter sua orientação para o cliente, muitas empresas realizam pesquisas de satisfação com o objetivo de identificar e rastrear o conhecimento, o uso e a satisfação dos clientes em relação a produtos e serviços.

Embora o resultado dessas pesquisas possa ser usado como termômetro dos negócios efetuados, o relatório sobre o estado vigente serve como um barômetro porque permite saber o que está para acontecer.

Muitas equipes de gerenciamento questionam o tempo e o esforço despendidos nessas atividades. Elas acreditam que a papelada é dispendiosa e que encontrar novos clientes é mais fácil. Contudo, as pesquisas realizadas também podem mostrar qual é a real importância da empresa para os clientes.

5.4.4 Relacionamento com a comunidade

Esse tipo de relacionamento inclui a criação de uma relação bilateral com a comunidade a fim de melhorar e manter a imagem pública da organização e de garantir uma ampla gama de contribuições sociais para o processo de tomada de decisão, em termos de estabelecimento de conformidade e de apoio.

As relações sociais implicam o desenvolvimento de uma relação de mão dupla com a comunidade, de forma aberta, com a intenção de que os tomadores de decisão cumpram e apoiem seus processos.

Nessa perspectiva, a primeira coisa a fazer é melhorar e controlar a imagem da empresa perante a comunidade: se você não consegue controlar sua reputação, pode permitir que outros façam isso por você ou que o façam por outras pessoas na comunidade. Em ambos os casos, é possível interpretar mal sua empresa ou, pior, criar uma impressão negativa sobre ela. Isso dificultará que você futuramente atinja seus objetivos de relacionamento com a comunidade.

Aumentar a conscientização da comunidade sobre sua organização ajudará a resolver isso, bem como melhorará sua imagem na comunidade, para que você possa também ser um ouvinte.

O ideal é que o relacionamento com a comunidade seja contínuo. Quanto mais tempo esse processo estiver em andamento, maior será a chance de que o relacionamento com a comunidade seja construtivo e maior também será o sucesso de seus esforços. Nesse sentido, um forte plano de relacionamento com a comunidade, seja contínuo, seja um projeto pontual, deve incluir as seguintes etapas: pesquisa, plano, desenvolvimento, execução e avaliação.

5.4.5 Relacionamento com o governo

A relação com o governo (federal, estadual ou municipal) está diretamente ligada à busca sistemática de ações e de políticas públicas que ajudem a atingir os objetivos da empresa, além de proteger os interesses da organização de forma a refletir nas outras partes interessadas e nos tomadores de decisão. Um bom programa de relações governamentais vai muito além de apenas manter um relacionamento com os parlamentares.

Um plano para estabelecer contatos permanentes com os políticos locais e altos funcionários envolve a criação de um banco de dados políticos em todos os três níveis de governo. Além disso, implica fornecer aos políticos e a seus funcionários uma cópia do boletim informativo da organização e promover reuniões e visitas pessoais a eles, com o objetivo de definir temas e prioridades e explicar os projetos da organização.

A relação entre essas pessoas e o governo confere à organização a oportunidade de expressar seus pontos de vista diretamente aos tomadores de decisão, assim como suas necessidades e prioridades. Esse amplo entendimento melhorará muito as relações com políticos e burocratas. Ao mesmo tempo, os representantes da empresa devem ser membros de associações específicas, os quais exercem um papel importante nos esforços de promover as relações com o governo.

5.4.6 Relacionamento com a mídia

O relacionamento com a mídia está intimamente conectado ao relacionamento definido pela organização e pelos representantes da mídia para coletar e divulgar informações. Envolve o trabalho direto com jornalistas e responsáveis pela edição de produtos (notícias e reportagens), serviços públicos e programas de patrocínio.

Muitas empresas não se importam com os métodos da mídia. A simples compra de locais públicos não garante uma cobertura positiva, pois muitas empresas não têm a iniciativa de resolver as questões levantadas pela mídia. Assim, esse relacionamento deve abranger o monitoramento e a análise de reportagens para acompanhar o que se fala, quem fala e em que veículo. Isso inclui não apenas o monitoramento de recursos de mídia tradicional, mas também o acompanhamento das mídias sociais.

Nessa ótica, é extremamente relevante, nos dias atuais, conduzir atividades de consultoria de notícias para transmitir a visão e o raciocínio da organização e seu desempenho por meio da mídia. A realização de visitas na empresa para conferir aos repórteres uma visão interna sobre as atividades da organização é muito útil para promover o desenvolvimento de uma mídia espontânea.

Sob essa perspectiva, a fim de que o programa de relações com a mídia ocorra de forma eficaz, certas políticas e determinados procedimentos devem ser implementados, para garantir uma resposta oportuna.

6
Mudanças organizacionais

Conteúdos do capítulo:

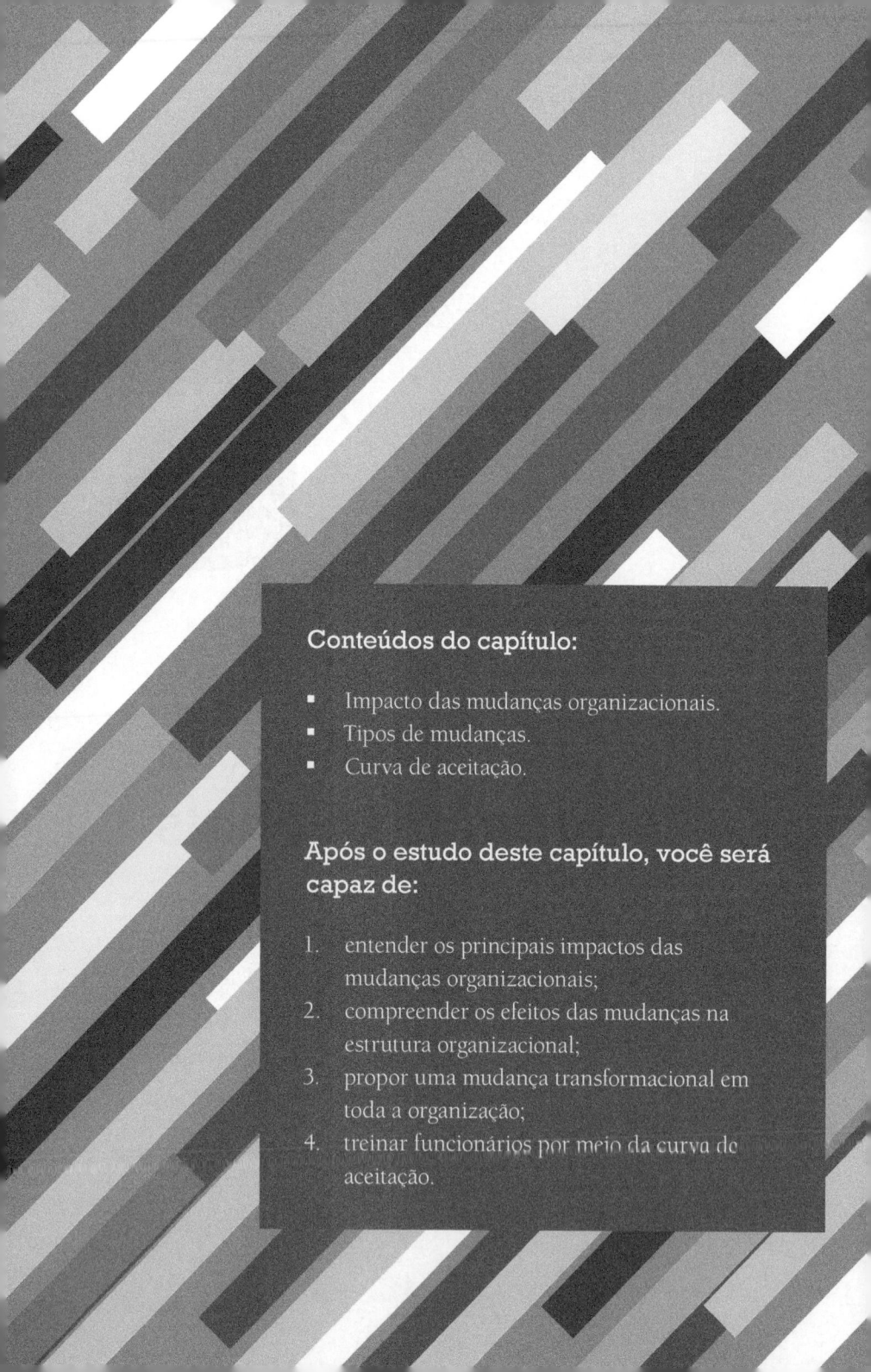

- Impacto das mudanças organizacionais.
- Tipos de mudanças.
- Curva de aceitação.

Após o estudo deste capítulo, você será capaz de:

1. entender os principais impactos das mudanças organizacionais;
2. compreender os efeitos das mudanças na estrutura organizacional;
3. propor uma mudança transformacional em toda a organização;
4. treinar funcionários por meio da curva de aceitação.

Mudar pode significar fazer algo, tornar-se diferente ou começar a possuir algo que ainda não se possuía. Pode ainda representar uma insatisfação com o antigo estado de coisas e sua superação, isto é, uma alteração no *status quo* ou a prática de ações de forma diferente em comparação com o que se fazia no passado. A mudança, assim, corresponde a um desequilíbrio em relação ao momento vivido. Por fim, refere-se a qualquer modificação que ocorra no ambiente geral de trabalho da organização.

Mudança organizacional significa a transição de uma organização de um estado para outro e, geralmente, representa modificações no ambiente operacional (Maçães, 2017). Existem várias etapas que podem ser seguidas a fim de ajudar a promover as mudanças necessárias em uma empresa. Frequentemente, o simples ato de envolver os funcionários nesse processo reduz muito a adversidade em face das propostas de mudança organizacional.

De acordo com McShane e Glinow (2013), uma mudança organizacional pode ocorrer com relação a vários elementos, como estrutura, estratégia, políticas, procedimentos, tecnologia ou, até mesmo, a cultura de uma empresa. As mudanças podem ser planejadas com anos de antecedência ou podem ser aplicadas em razão de necessidades imediatas. Uma mudança organizacional pode reestruturar rapidamente o modo como uma organização opera ou, ainda, ser gradual e lenta. Em qualquer caso, deve-se abandonar a velha forma de trabalhar e adotar uma nova maneira. Portanto, fundamentalmente, trata-se de um processo de gestão eficaz, conduzido por pessoas dentro das organizações.

Os gestores que atuam nas mudanças organizacionais frequentemente se deparam com a necessidade de gerenciá-las de forma eficaz, com base em um planejamento prévio. Esse processo de planejamento revela a necessidade de mudanças na empresa, no sentido de aprimorá-la, e isso se reflete em alterações nas táticas e nos planos operacionais. Nessa ótica, elaborar novos projetos organizacionais (funções da organização) ou alterar projetos existentes pode resultar em alterações que podem afetar individualmente os funcionários em toda a organização, a depender do escopo utilizado.

A tomada de decisão eficaz cabe à liderança e tem o objetivo de gerenciar as mudanças e planejar/gerenciar a necessidade para a execução da decisão. Por fim, quaisquer atualizações nos sistemas e em processos de controle não resultarão em alterações nas tarefas atribuídas aos funcionários, tampouco em avaliações de desempenho que requeiram um gerenciamento de mudanças cuidadoso.

Dias (2013) afirma que a mudança organizacional ocorre quando o sistema é perturbado por alguma força, seja interna, seja externa. Para o autor, uma mudança nada mais é do que um processo que busca modificar uma estrutura ou um processo do sistema organizacional. Em geral, ela pode ser vista como uma coisa boa, mas também pode ser ruim.

Desse modo, ela pode ser um processo de crescimento, declínio ou transformação dentro de uma organização. Se, em determinados aspectos, a sociedade pode ser vista como uma estrutura permanente, uma empresa, por sua vez, está sempre sendo modificada. Por conta disso, a mudança organizacional pode assumir formas distintas.

Uma empresa pode alterar sua estratégia ou seu propósito, introduzir novos produtos ou serviços, mudar seus métodos, suas necessidades de vendas e tecnologias, entrar em novos mercados, fechar departamentos ou fábricas, contratar novos funcionários, adquirir outras organizações ou ser adquirida por outras empresas. Considerando-se esse panorama, as mudanças podem tornar a empresa maior, menor ou mesmo mantê-la com a mesma dimensão. Por vezes, mudanças fundamentais significam que a "nova organização" dificilmente se parecerá com a antiga. Nesses casos, a mudança organizacional é um fenômeno complicado e confuso.

A velocidade das mudanças no ambiente social, político e econômico não afeta apenas as empresas; também tem um impacto significativo em todos os seus *stakeholders*. Nos últimos tempos, as mudanças passaram a ocorrer em um ritmo diferente. A maioria delas surgiu nos últimos cem anos e, provavelmente, seu volume vai se acelerar neste século.

Na atualidade, as alterações são mais rápidas, complexas, turbulentas e imprevisíveis. Nessa perspectiva, muitos conflitos surgirão quando o tipo das mudanças e a velocidade com que elas forem introduzidas aumentarem a capacidade de indivíduos e empresas de se adaptarem a elas. O problema não são as mudanças específicas com as quais não podemos lidar, e sim o fato de que a própria sociedade está constantemente se modificando.

Como muitas coisas mudam, são necessárias novas maneiras de lidar com essa sociedade temporária. As alterações são tão frequentes que não há estabilidade de longo prazo; elas acabam fazendo parte da vida das organizações e oferecem oportunidades de crescimento.

A decisão de mudar deve ser consciente por parte da gestão das organizações, uma vez que estas são caracterizadas como sistemas abertos, isto é, mantêm uma constante interação e interdependência com o meio ambiente. Dessa forma, pode haver qualquer tipo de mudança no ambiente organizacional – por exemplo, nos gostos e nas preferências do consumidor, nas regras regulatórias etc.

6.1 Impacto das mudanças organizacionais

Um ambiente estático pode paralisar rapidamente uma organização, e as mudanças organizacionais podem ajudar a simplificar os processos de negócios e eliminar sistemas redundantes. No entanto, elas também podem ter efeitos negativos.

Para minimizar tais impactos, as mudanças estratégicas em uma organização devem sempre ter como objetivo a melhoria do desempenho da empresa e dos colaboradores. Nessa ótica, o processo geral de mudança deve refletir uma situação "ganhadora" para a organização e seus funcionários.

Com o objetivo de implementar mudanças organizacionais permanentes, de acordo com Pagliuso, Cardoso e Spiegel (2010), a empresa deve usar uma abordagem em três estágios, conforme apresentado na Figura 6.1.

Figura 6.1 – Estágios da mudança permanente

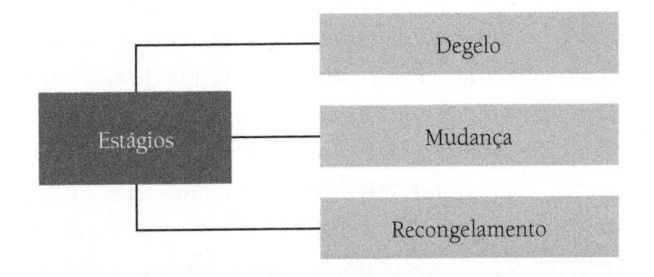

```
                    ┌──── Degelo
        Estágios ───┼──── Mudança
                    └──── Recongelamento
```

Fonte: Elaborada com base em Pagliuso; Cardoso; Spiegel, 2010.

O estágio mais importante e difícil do processo é o **degelo**, que envolve reconhecer e ignorar o comportamento inadequado do passado e que, em geral, está profundamente enraizado na cultura organizacional. Um dos indicadores mais importantes de sucesso nessa fase é a aceitação do funcionário em relação à mudança, a qual pode ser medida de várias formas. Se uma organização responder de forma rápida e eficaz à resistência dos funcionários nesse estágio, ela garantirá o sucesso das próximas duas etapas.

O segundo estágio corresponde à **mudança** e consiste em substituir o comportamento anterior pelo novo comportamento por meio do treinamento de reconstrução e de uma nova configuração.

Por fim, o **recongelamento** se refere à etapa final do processo, em que se aprimoram e se mantêm os novos padrões por meio da visibilidade contínua do sucesso. Nessa fase, podem ser utilizadas algumas técnicas de treinamento que envolvam o uso de sistemas de elogios e recompensas.

Para Pagliuso, Cardoso e Spiegel (2010), a organização que está em constante mudança não pode ignorar o fator humano, pois durante o processo é de suma importância alterar as atividades de negócios da empresa. Se os funcionários não são obrigados ou não estão dispostos a aceitar mudanças, o processo provavelmente falhará. Nessa etapa, os colaboradores podem se opor às mudanças principalmente por temerem perder o emprego ou por terem de assumir outras funções para as quais não se sentem qualificados ou preparados.

Para Maçães (2017), ao longo de todo esse processo, a utilização de técnicas motivadoras e inspiradoras servirá para implementar mudanças e mostrar aos funcionários que eles não são obrigados a aceitá-las. Por isso, é fundamental mostrar que eles são parte integrante do processo, a fim de promover um sentimento de pertença entre todos os que compõem o quadro funcional. Se esse processo for implementado corretamente, os funcionários acreditarão que participam de uma revolução e que podem contribuir de maneira significativa com seu local de trabalho.

Após uma grande reorganização, a empresa pode passar por demissões de funcionários, o que é quase inevitável. Um empregado pode descobrir que o ambiente é muito instável e, por isso, resolver procurar trabalho em outro lugar que considere mais seguro. Porém, uma alta taxa de rotatividade de funcionários afetará seriamente a produtividade da organização, em virtude da perda de pessoal contratado e da necessidade de recrutar e treinar novos funcionários.

Por vezes, a perda de recursos humanos também pode resultar em perda de receita da empresa. Sob essa ótica, com o objetivo de reduzir a resistência e a rotatividade dos funcionários, uma organização deve iniciar um processo de gestão de mudança consciente, a fim de explicar o significado e as consequências da mudança e de fornecer orientação aos funcionários no futuro.

Mudanças organizacionais que levam à ambiguidade e à incerteza no trabalho podem piorar o ambiente, o que vai afetar negativamente a saúde econômica da organização. O efeito mais devastador é a "taxa de mortalidade", que mostra claramente que a transformação da empresa foi totalmente errada. Ou seja, quando as mudanças acontecem muito rapidamente ou de forma irregular, uma organização pode se desintegrar. Em um ambiente em deterioração, os funcionários se protegem, a produtividade cai e perde-se a motivação. Assim, evitar mudanças globais e implementar mudanças positivas promoverá uma cultura corporativa voltada para a produção, o que poderá evitar o fechamento da empresa.

6.1.1 Impacto das mudanças nos funcionários

Em tempos de alterações e incertezas, as pessoas afetadas por mudanças de emprego são mais propensas a relatar estresse de longo prazo no trabalho e menos capazes de confiar em seus empregadores.

McShane e Glinow (2013) afirmam que os trabalhadores que passaram por alguma mudança recente (ainda que esperada) relatam ter mais probabilidade de sofrer estresse crônico do que aqueles que não tiveram tal experiência. Funcionários que relatam mudanças no ambiente profissional são mais propensos a vivenciar conflitos na vida pessoal, pois o trabalho entra em choque com as responsabilidades não profissionais e com a família. Para esses colaboradores, as questões familiares conflitam com as do trabalho.

Os autores ainda revelam que as mudanças no local de trabalho afetam as atitudes e a experiência dos funcionários. Em comparação com trabalhadores que não passaram por nenhuma mudança recente, atual ou esperada, os funcionários afetados por tais mudanças manifestam menor satisfação no trabalho. Aqueles que vivenciam alterações na organização para as quais trabalham tendem a afirmar que têm maior probabilidade de desconfiar de seus empregadores e, ainda, que existe uma grande possibilidade de tentarem encontrar trabalho em outra empresa.

A maioria dos funcionários, de qualquer tipo de empresa, expressa certo ceticismo quanto à mudança, pois acreditam que a gestão da organização passa por algum tipo de "agenda oculta" por conta das mudanças propostas ou, ainda, que os gestores estão tentando encobrir a verdadeira causa da mudança.

Para Valença (2017), a fim de que as empresas possam implementar com eficácia as mudanças previstas, elas precisam de funcionários resilientes e que se adaptem às alterações. Funcionários decepcionados, frustrados e com resistência podem começar a questionar os motivos dos gestores e opor-se às mudanças organizacionais propostas. Quando surge uma situação como essa, torna-se necessário que a empresa passe a construir uma nova relação de confiança e de compromisso com os funcionários. Os gestores devem se concentrar em estabelecer um ambiente de trabalho mentalmente saudável, permitindo que os funcionários participem ativamente da construção do futuro, para que tenham confiança em sua capacidade de sucesso.

6.1.2 Efeitos das mudanças organizacionais

São inúmeros os modelos utilizados para descrever o impacto da mudança organizacional. Aqui, abordaremos um modelo explicado em detalhes por Robbins (2003), de acordo com os estudos realizados por Richard Williams (Figura 6.2).

FIGURA 6.2 – Modelo de mudança organizacional de Richard Williams

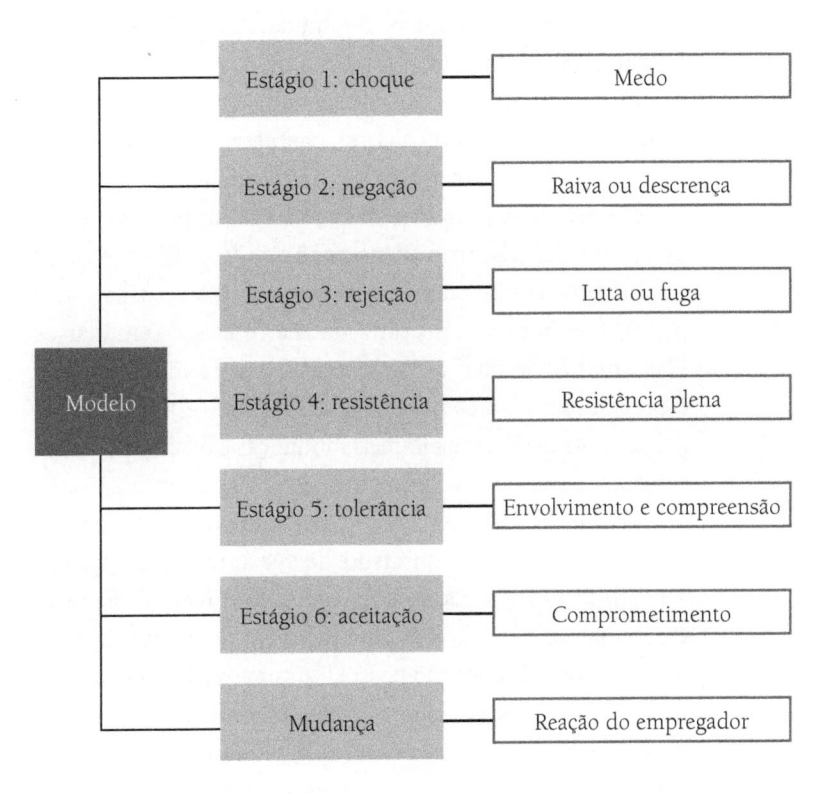

```
Modelo ─┬─ Estágio 1: choque ─── Medo
        ├─ Estágio 2: negação ─── Raiva ou descrença
        ├─ Estágio 3: rejeição ─── Luta ou fuga
        ├─ Estágio 4: resistência ─── Resistência plena
        ├─ Estágio 5: tolerância ─── Envolvimento e compreensão
        ├─ Estágio 6: aceitação ─── Comprometimento
        └─ Mudança ─── Reação do empregador
```

FONTE: Elaborada com base em Robbins, 2003.

Embora as seis etapas propostas por Williams signifiquem que um modelo nem sempre funciona para todos, é surpreendente a precisão com que ele prevê como as pessoas se comportam diante da mudança organizacional (Robbins, 2003).

Quando as mudanças organizacionais são notadas pela primeira vez, os afetados geralmente ficam chocados (**Estágio 1: choque**). Por exemplo, não é incomum ver os efeitos do choque nos rostos e na linguagem corporal dos colaboradores. O motivo do choque é a preocupação pessoal em relação à alteração do *status quo*. Nesse sentido, é importante que os líderes e gestores que implementam as mudanças estejam cientes de que o medo inicial das mudanças é comum, pois se trata de uma resposta natural. Uma pessoa que fica chocada e com medo não deve ser considerada um problema. Pelo contrário, para a maioria das pessoas, essa reação geralmente desaparece após o entendimento das mudanças propostas.

Normalmente, após o primeiro estágio, as pessoas negam as mudanças (**Estágio 2: negação**). Quando você ouvir comentários como "eles não continuarão a fazer isso", "não posso acreditar que isso vai acontecer", "eles vão mudar de ideia antes de decolar" ou "se ignorarmos por tempo suficiente, eles vão desistir", você reconhecerá o segundo estágio. A razão pela qual as pessoas rejeitam as mudanças é o fato de estarem zangadas com o que acham que vai acontecer.

Depois desses estágios, uma pessoa pode tomar uma decisão consciente ou inconsciente de que as mudanças futuras serão desfavoráveis (**Estágio 3: rejeição**). A recusa em mudar é geralmente causada por uma tentativa de manter o *status quo* ou a zona de conforto pessoal. Assim, rejeitar a mudança levará os afetados a responder lutando contra ela ou fugindo dela. Portanto, não é incomum que a rotatividade aumente após o anúncio da mudança. Percebe-se que buscar se consolar em outro lugar é mais provável do que mudar uma incerteza.

Pessoas que optam por ficar, mas não aceitam completamente a mudança tendem a entrar no modo de tolerância (**Estágio 4: resistência**). Elas podem parecer que estão no mesmo barco, mas, na realidade, a tolerância apenas mascara a resistência em revelar seu descontentamento. É mais fácil lidar com os resistentes abertos do que com os ocultos. Os sentimentos expressos podem ser visualizados e publicados, enquanto os ocultos são mais difíceis de identificar.

Quando as pessoas, em uma mudança organizacional, participam de todos os aspectos, é possível chegar a um consenso estratégico (**Estágio 5: tolerância**). Tal participação pode significar juntar-se a uma equipe, solicitar opiniões ou sugestões ou colaborar, até certo ponto, em uma organização em evolução. Sem uma participação deliberada, muitas pessoas adotam uma atitude de observação. Em última análise, a chave para abraçar as pessoas é fazer com que o maior número possível delas participe dos processos propostos.

Quando uma colaborador participa do processo de planejamento, da alteração dos mecanismos e do desenvolvimento do entendimento da estratégia, o senso de comprometimento aumenta (**Estágio 6: aceitação**). Embora alguns possam assumir um compromisso sem passar pelos cinco estágios de preparação, a maioria das pessoas completará gradualmente esses estágios até ter um firme apego ou senso de apego a si mesmo. Pessoas dedicadas tendem a fornecer conselhos sobre como as mudanças futuras podem servir aos melhores interesses da organização. Além disso, elas também fazem o dever de casa voluntariamente e dão um retorno mais rapidamente.

Mas, infelizmente, muitos que não estão envolvidos no processo de mudança retornam ao estágio 1, pois, ao encontrarem resistência à mudança, essas pessoas retornam à fase de choque. Na realidade, não é incomum que as pessoas vivenciem esses estágios muitas vezes ao longo dos processos de mudanças organizacionais. Nessa ótica, um dos segredos para tirá-las desse ciclo repetitivo é deixar claro para eles o real objetivo das mudanças e o comprometimento de todos no processo.

Ao planejar o crescimento da organização, é preciso promover algumas mudanças estratégicas, que, de acordo com Rocha e Goldschmidt (2010), envolvem as seguintes etapas:

a. descrever o que vai acontecer;
b. explicar por que a mudança é necessária;
c. escutar comentários e sentimentos dos envolvidos;
d. reconhecer comentários ou objeções e verificar se há mal-entendidos;
e. pedir sugestões;
f. solicitar suporte;
g. envolver o máximo de pessoas de todas as maneiras possíveis;
h. acompanhar e monitorar as reações.

No atual ambiente de negócios, a implementação de mudanças organizacionais é um fenômeno rotineiro. Dessa forma, os gestores devem estar sempre antenados ao impacto da mudança em seu capital humano e cientes dos aspectos positivos da mudança organizacional. Ao mesmo tempo, devem aproveitar os benefícios da mudança para toda a organização.

Tipos de mudanças

A mudança é um fato inegável. Basta pensarmos nas estações do ano: em determinada época, o verão se transforma em outono, a temperatura baixa, as folhas mudam de cor e, eventualmente, caem das árvores.

Mas, ao considerarmos o ambiente organizacional, nem toda mudança é rotineira ou elegante. Ela pode ser tão inevitável quanto a mudança climática, mas isso não significa que não se possa ter relativo controle sobre uma mudança organizacional.

Conforme comentamos anteriormente, a gestão da mudança organizacional se refere a um evento ou procedimento a ser iniciado que interrompe atividades rotineiras e pode ser motivado por inúmeros fatores. Nessa ótica, o principal desafio é reduzir a possibilidade de atritos e resistência à mudança, a fim de que todos os funcionários entendam por que ela é importante para o futuro da organização. Ignorar a necessidade de mudança é uma ameaça muito maior para a empresa do que a própria mudança em si.

No mundo vibrante de hoje, a mudança é vital para os negócios. Novos eventos e prioridades organizacionais acontecem tão rapidamente que, se você não conhecer as informações mais recentes, ficará para trás. Tendências e tecnologias estão em constante evolução, e isso significa que as necessidades dos clientes estão em constante mutação. As informações são transferidas com mais rapidez, e as empresas que não perceberem isso em breve perderão para as que já estão inseridas nessa nova realidade.

Qualquer que seja a circunstância – a instalação de uma nova plataforma de *software*, a reorganização dos negócios de forma mais flexível e eficiente ou a adaptação às necessidades dos clientes, por exemplo –, é importante que os gestores da empresa se perguntem por que é tão importante para os negócios implementar essas mudanças. Embora a mudança organizacional possa ser perturbadora no início, ela aumentará a produtividade dos funcionários e, assim, contribuirá para o sucesso das vendas. A esse respeito, cabe observar que o objetivo de qualquer empresa é agradar os clientes: portanto, se eles mudam, a empresa também deve se adaptar.

Dessa forma, cada mudança traz oportunidades de aprendizagem. Por isso, a fim de preparar as equipes para novos eventos, as organizações precisam avaliar as habilidades e ferramentas que os funcionários já detêm e procurar lacunas. Assim, futuramente, será mais fácil determinar quais áreas devem ser priorizadas para treinamento.

A preparação é pré-requisito para o sucesso, especialmente ao se tentar mudar. Contudo, não é possível preparar-se sem saber o que vai mudar. Logo, a primeira etapa é entender quais modelos de gerenciamento de mudanças existem e, então, encontrar aquele que melhor se adapta à organização ou à equipe.

6.2.1 Mudança em toda a organização

Mudanças organizacionais são transformações em grande escala que afetam toda a empresa. Elas podem incluir histórico de liderança, adição de novas políticas ou introdução de novas tecnologias de negócios (Ackoff, 1982).

Todos os funcionários deverão sentir a mudança, e rapidamente deverá ser possível ver algum progresso. Nessa direção, mudanças organizacionais podem ser uma boa indicação de que a política antiga está desatualizada.

Para promover mudanças bem-sucedidas em toda a organização, é necessário adotar uma comunicação e um planejamento abrangentes. O alcance de um resultado positivo ou negativo é algo que dependerá dos objetivos da mudança organizacional e da execução. Especialmente quando se trata de *software*, as soluções de adoção digital são as principais ferramentas para implementar mudanças em toda a empresa.

6.2.2 Mudança transformacional

A mudança transformacional é vista como essencial e adequada para a estratégia organizacional de empresas que querem diferenciar-se no mercado. Como as organizações que mais precisam de mudanças rápidas no setor são ágeis, flexíveis e podem alterar seus planos sempre que necessário, a transformação pode vir a ocorrer quase de forma natural, isto é, sem causar grandes impactos.

A estratégia de introdução da mudança deve levar em conta a situação por que passa a empresa e os rumos que ela pretende seguir. Nesse sentido, tendências culturais, clima social e progresso tecnológico são alguns dos fatores que os gestores devem considerar.

De acordo com Barros (2001), as empresas digitais em crescimento estão integrando tecnologias sociais, móveis, analíticas e de nuvem em suas políticas de transformação. Ao mesmo tempo, as organizações menos maduras se concentram em várias questões de negócios por meios técnicos específicos. No entanto, em virtude do rápido desenvolvimento da tecnologia digital, as empresas terão mais chances de sucesso se incorporarem plataformas de adoção digital em suas estratégias de transformação.

6.2.3 Mudança de pessoal

Quando uma empresa experimenta um crescimento excessivo ou um grande número de dispensas, ocorrem mudanças de pessoal. Seja qual for a situação (aumento ou diminuição de pessoal), essa mudança pode reduzir o engajamento e a retenção dos funcionários.

A ameaça de demissões cria medo e ansiedade entre os empregados, e os gestores devem esperar que o moral da equipe seja afetada. Contudo, a organização deve ir mais longe. É importante mostrar compaixão sincera e motivar os colaboradores a continuar trabalhando arduamente mesmo em tempos difíceis.

Sob essa perspectiva, o emprego em larga escala traz melhores resultados para a empresa, mas também desafios. Trata-se de um sinal de crescimento, que torna as organizações relativamente mais vulneráveis às mudanças culturais e ao caos organizacional. A contratação de novos funcionários significa treinamento e suporte constantes. Se a conversão não for feita corretamente, poderá levar ao caos, à ineficiência e, por fim, prejudicar o crescimento futuro da organização.

6.2.4 Mudança não planejada

Geralmente, mudanças não planejadas são ações que precisam ser executadas após a ocorrência de um evento inesperado. Embora não se espere que ocorram, elas podem ser resolvidas de maneira organizada.

Por exemplo, o furacão que atingiu os Estados Unidos no início do outono de 2017 fez com que alguns moradores da região fugissem de suas casas e procurassem abrigo temporário. Após essa crise, as pessoas afetadas iniciaram um longo processo de retorno à vida normal.

Da mesma forma, a empresa também experimenta mudanças não planejadas. Por exemplo, podem surgir muitos problemas quando o principal gestor deixa a empresa repentinamente ou quando ocorre uma violação de segurança. Assim, ao definir estratégias básicas de mudança organizacional para esses casos, a organização pode minimizar o risco não planejado e tornar-se mais flexível e resiliente.

6.2.5 Mudança corretiva

Quando os líderes reconhecem que fraquezas detectadas ou situações de baixo desempenho da organização precisam ser resolvidas, eles propõem mudanças corretivas. Por exemplo, as dificuldades financeiras geralmente são causadas por baixo desempenho. Outros exemplos comuns incluem a introdução de programas de treinamento de funcionários, o lançamento de um novo *software* ou a criação de empregos.

Ainda, há ações corretivas que podem abranger revisões de políticas em vigor há anos, mas que não são mais adequadas. As missões de liderança (como um gestor recém-nomeado) também podem precisar de correção. Mesmo que as ações corretivas sejam necessárias para determinados problemas, as mudanças organizacionais afetam sua implementação.

6.3 Curva de aceitação

A existência de uma curva de mudança pode ajudar a entender de que maneira as pessoas vivenciam as mudanças organizacionais e se transformam emocionalmente ao longo de sua implementação. Sem essas mudanças, à medida que os produtos se tornam obsoletos, muitas organizações deixam de existir, pois os gostos dos consumidores se alteram e os sistemas políticos também. Portanto, toda organização deve fazer alterações para continuar a crescer e ter sucesso.

De uma perspectiva humana, promover mudanças pode ser muito difícil. Mas por quê? Porque as pessoas estão acostumadas com suas atividades diárias e com o *status quo*, e nesse cenário grandes mudanças parecem ameaçadoras. As pessoas têm medo de serem feridas, desvalorizadas ou, pior, de perderem o emprego.

A esse respeito, Dias (2013) afirma que um gestor deve entender a curva de Kübler-Ross (também conhecida como *estágios do luto* ou *curva do luto*), porque ela pode ajudar os integrantes da equipe a aceitar as mudanças mais rapidamente (Figura 6.3).

FIGURA 6.3 – Estágios do luto

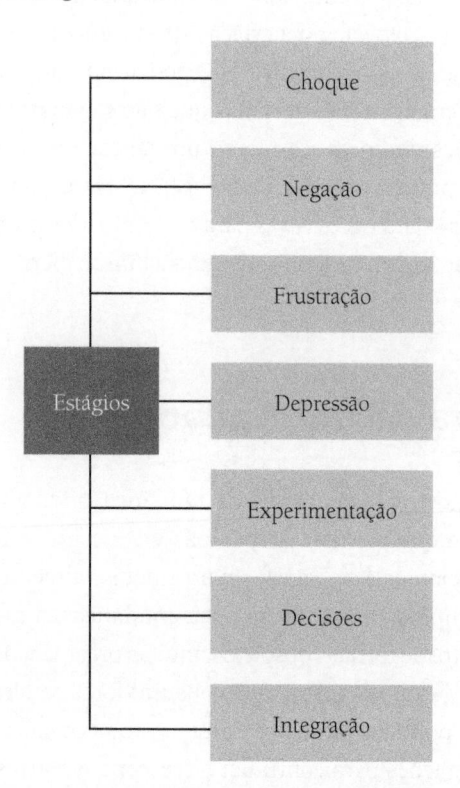

Estágios:
- Choque
- Negação
- Frustração
- Depressão
- Experimentação
- Decisões
- Integração

Vejamos em que consiste cada um desses sete estágios:

1. **Choque**: é a primeira vibração depois de ouvir a mensagem.
2. **Negação**: acredita-se que a mudança não afetará o trabalho.
3. **Frustração**: tenta-se impedir as mudanças.
4. **Depressão**: tudo o que a empresa está fazendo parece sem sentido.

5. **Experimentação**: as pessoas começam a se perguntar se isso pode ajudá-las, tentam coisas diferentes e pensam sobre as novas definições.
6. **Decisões**: os funcionários finalmente entendem o que está acontecendo e olham para o futuro de uma maneira mais positiva.
7. **Integração**: o que antes era novo agora passa a ser uma forma de realização.

Esses estágios devem ser medidos e acompanhados constantemente pelos gestores cujas empresas passam por processos de mudanças organizacionais.

6.3.1 Compreendendo a curva de aceitação

A seguir, a Figura 6.4 representa a curva de Kübler-Ross.

Figura 6.4 – Curva de Kübler-Ross

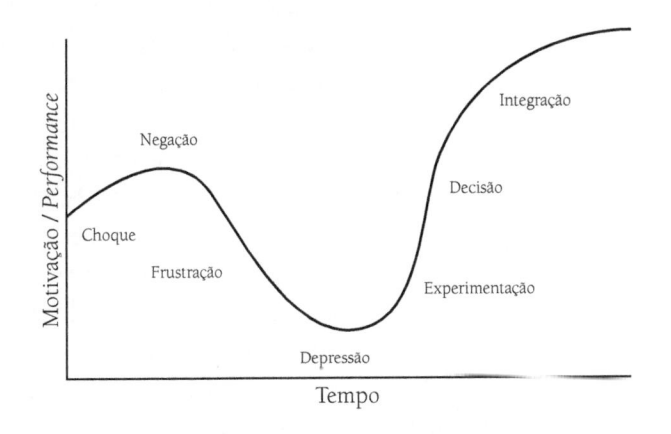

Fonte: Elaborada com base em Dias, 2013.

Na parte mais à esquerda da curva, as respostas das pessoas às principais mudanças que estão prestes a ocorrer revelam o choque sentido. Em seguida, elas ficam com raiva e se sentem frustradas, a ponto de lutarem contra a mudança. Nesse momento, o funcionário se questiona sobre seu próprio papel na empresa, pois, se a situação está para mudar, os colaboradores acreditam que não faz sentido continuar trabalhando duro. Como você pode imaginar, essa é uma fase muito desagradável para as pessoas afetadas pela mudança.

Embora a raiva seja substituída pela depressão, a produtividade será mantida, apesar de poder apresentar uma queda repentina. Esse estágio também está relacionado ao início da aceitação das mudanças pelos funcionários, pois, basicamente, eles começam a abandonar o passado e a aceitar o futuro que será proporcionado pelas alterações propostas.

No final da curva de mudança, quando as pessoas a aceitam – o que, muitas vezes, acontece lentamente –, elas passam a explorar a ideia de como as coisas ficarão e funcionarão quando mudarem. No final, todos decidem aceitar uma mudança completa, reorganizam sua forma de trabalhar e se integram ao novo cenário. É somente nesse ponto que a organização começa a sentir os benefícios da mudança.

Nessa ótica, é importante que os gestores das empresas reconheçam as muitas diferenças na curva e entendam que diferentes pontos recebem rótulos também diversos. No entanto, no final, mesmo que os rótulos primários sejam diferentes, cada curva de deslocamento alternativa seguirá o mesmo caminho.

Compreender a curva de mudança organizacional e adaptar a abordagem conforme o estágio em que as pessoas se encontram tornará mais fácil apoiar os funcionários diante de grandes mudanças organizacionais. Por sua vez, isso aumentará a possibilidade de mudanças bem definidas. Essa ferramenta pode fornecer vantagens ao gestor no gerenciamento de mudanças, pois se pode trabalhar com o objetivo de acelerar o movimento das pessoas ao longo da curva e reduzir a frustração que elas experimentam.

Assim, a curva de mudança organizacional é um princípio geral sobre a forma como as pessoas reagem emocionalmente às mudanças contextuais. Por isso, entendê-la pode ajudar a melhorar o relacionamento com os funcionários, além de simplificar as mudanças e determinar a pressão sobre a equipe.

6.3.2 Treinando os funcionários por meio da curva de aceitação

A curva de aceitação é um modelo popular e poderoso para compreender os estágios de transição pessoal e mudança organizacional, pois por meio dela se pode prever quais serão as principais reações das pessoas.

De certa maneira, as personalidades dos colaboradores também mudam quando as empresas mudam. Logo, o gestor deve entender de que forma as diferentes personalidades respondem a cada situação de mudança e, em seguida, aplicar a liderança ou os métodos de treinamento adequados com o objetivo de reduzir a resistência.

Imagine a seguinte situação: você investiu muito tempo e dinheiro nos sistemas e processos mais recentes; treinou todos os seus funcionários e sua vida ficou muito mais fácil (ao menos, é isso que você pensa). Contudo, depois de alguns meses, as pessoas ainda mantêm os velhos hábitos. Onde seu investimento gerou melhorias nos negócios? Quando a interferência que você fez dará resultados? O fato é que uma associação não mudará em virtude da adoção de novos sistemas, processos ou estruturas organizacionais. A mudança só acontecerá se as pessoas na organização também se adaptarem e mudarem. Somente quando os funcionários definirem as próprias mudanças pessoais é que a organização poderá beneficiar-se.

Nessa perspectiva, o modelo de curva de aceitação determina as seis etapas pelas quais a maioria das pessoas passa ao fazer mudanças e ajustes (Figura 6.5).

FIGURA 6.5 – Curva de Kübler-Ross aplicada

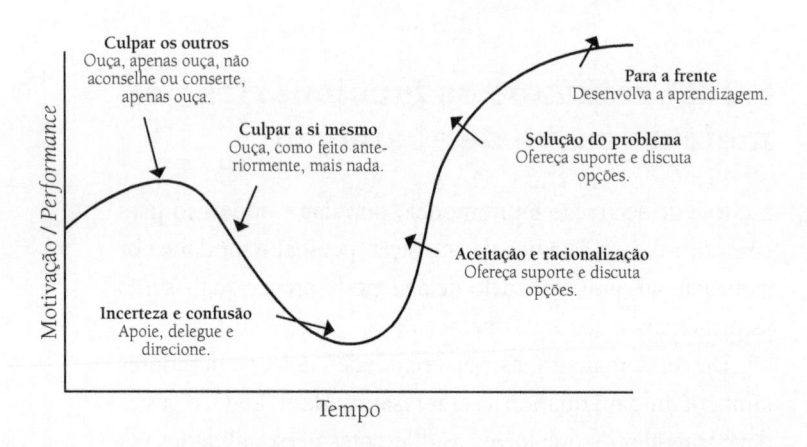

Culpar os outros
Ouça, apenas ouça, não aconselhe ou conserte, apenas ouça.

Culpar a si mesmo
Ouça, como feito anteriormente, mais nada.

Incerteza e confusão
Apoie, delegue e direcione.

Para a frente
Desenvolva a aprendizagem.

Solução do problema
Ofereça suporte e discuta opções.

Aceitação e racionalização
Ofereça suporte e discuta opções.

Motivação / Performance

Tempo

O primeiro estágio começa com a introdução da mudança, e a reação inicial das pessoas pode ser de choque ou negação. Isso se reflete na postura de culpar os outros por causa da instabilidade gerada no *status quo*. Então, quando entrarem no segundo estágio da curva de mudança, os empregados se tornarão vitais para si mesmos. Enquanto resistirem à mudança e permanecerem no primeiro e segundo estágios da curva de aceitação, a mudança não terá sucesso, ao menos para aqueles que reagirem negativamente a ela, pois se trata de uma fase estressante e desagradável. Além disso, é importante notar que as pessoas podem hesitar entre esses dois estágios.

O terceiro estágio se refere à definição de todas as dúvidas expostas nas fases anteriores, isto é, se as pessoas desejam seguir em frente, é um bom sinal. Os sinais de aceitação brilharão quando as seguintes perguntas surgirem: Eu continuo trabalhando? Qual é o meu trabalho atual? Como usar essa nova máquina?

Quando as pessoas não prestam mais atenção ao que perderam, inicia-se o quarto estágio da curva de aceitação (aceitação racional). Assim, os problemas são resolvidos e aceitos como alterações. Os funcionários começam testando e explorando as mudanças para entender o que é bom, o que é ruim e como se adaptar à nova situação.

No quinto estágio, algumas pessoas não apenas aceitam as mudanças como também as propõem. Elas podem passar a redesenhar a maneira como trabalham. Quando os funcionários alcançam esse estágio, a organização realmente começa a se beneficiar com a mudança. Aqui, novas descrições de ideias e inovações continuam a surgir. As mudanças passam a se tornar normais, e as rotinas têm início.

Os funcionários passam a ter uma compreensão melhor de como responder às mudanças; desse modo, tendem a considerar todos os aspectos de seu desenvolvimento pessoal. Esse é o estágio pelo qual os gestores responsáveis aguardam, pois é quando a mudança se torna uma segunda natureza e as pessoas se adaptam à melhoria dos métodos de trabalho. A equipe ou organização começa a se tornar produtiva e eficiente, e o impacto positivo da mudança se torna óbvio.

A curva de aceitação mostra um movimento positivo em direção à mudança quando o resultado final é aceito. Porém, se a empresa e seus líderes não podem se aprimorar ajudando ativamente os funcionários em diferentes estágios da curva, eles podem estagnar em qualquer uma das fases, tornando a mudança difícil (quando não impossível). Todos têm diferentes preferências quanto à forma de processar informações. Portanto, compreender os diferentes tipos de personalidade em sua equipe pode fazer uma grande diferença na maneira como você a apoia durante o processo de mudança.

Para as pessoas que precisam participar das mudanças na organização, o desafio não é apenas ajustar sistemas e estruturas, mas também fornecer ajuda e suporte durante as mudanças pessoais. Por vezes, tais alterações podem causar grandes traumas, bem como falta de motivação. Logo, quanto mais fácil for sua jornada para interagir com as pessoas, mais sua organização se tornará uma beneficiária e maiores serão suas chances de sucesso. Você pode capturar o que aprendeu ao longo do processo de revisão e fazer os ajustes necessários no próximo ciclo de mudança.

Considerações finais

Reconstrução, inovação, qualidade, parceria, comunicação... Essas são apenas algumas das palavras que foram incorporadas à linguagem da gestão empresarial nos últimos anos. Embora a maioria delas apareça com frequência no vocabulário de negócios, apenas mais recentemente elas adquiriram, de fato, significados diferentes e mais específicos.

Há poetas que afirmam que "palavras são somente palavras", mas os termos elencados já representam práticas de gestão no dia a dia das organizações. Isso se deve aos modelos de gestão que aos poucos estão sendo implementados em várias organizações.

Entendemos claramente que um modelo de gestão nada mais é do que um conjunto de objetivos estabelecidos por uma empresa para coordenar as equipes de execução de tarefas e atingir os resultados. Mas qual é o modelo de gestão ideal? Entre os diversos modelos que abordamos, não existe um perfeito, e sim aquele que é mais conveniente para a organização em determinado momento. Portanto, os gestores devem estar sempre atentos e ter uma visão estratégica. Nesse sentido, conhecer as necessidades da empresa é um grande desafio, e a escolha do modelo de gestão ideal exige planejamento, preparação profissional e estratégia de negócios.

O entendimento do mercado e de cada modelo de gestão pode determinar a definição do processo de gestão exigido pela empresa. Na realidade, como mencionamos, a solução ideal é escolher o modelo mais adequado para a situação em que a empresa se encontra. Antes de fazer essa opção, é importante analisar a conjuntura atual da empresa. Dessa forma, mesmo havendo a chance de errar, as mudanças serão propostas de maneira consciente.

O mundo está se desenvolvendo rapidamente, e já existem sinais claros de que o ambiente em que vivemos reflete uma sociedade da informação ou uma sociedade do conhecimento. Por isso, nas próximas décadas, em virtude das mudanças nas organizações, elas passarão a contar cada vez mais com a capacidade dos gestores como guia para prever as mudanças necessárias para a promoção de novas soluções organizacionais. Nesse cenário, o gestor desse novo tipo de organização deve assumir novos desafios e papéis. Mas, antes de mudar a empresa internamente, é necessário mudar como pessoa.

Com base em todos os conteúdos abordados ao longo desta obra, recomendamos que os gestores atuais reconsiderem seus papéis e suas atitudes pessoais em relação ao método de gestão, já que praticamente todas as opções entre os novos modelos avançados de gestão apresentados apontam para um estilo de gestão mais participativo. Desse modo, novos hábitos saudáveis de gestão se fazem necessários.

Os gestores devem atingir um papel mais nobre e importante que o previsto no modelo tradicional de gestão, tendo em vista a busca constante por eficiência. Ou seja, como o modelo de gestão emergente fará com que uma empresa opere em uma estrutura horizontal, com até no máximo três níveis, trabalho organizado e foco na equipe geral de autogestão, será atribuída uma nova função aos profissionais de gestão, os quais se tornarão formadores e líderes de equipes. Sua tarefa será a de incentivar os funcionários a se aprimorarem constantemente para melhorarem seu desempenho e cumprirem a missão da empresa.

Portanto, o melhor gestor não será obrigatoriamente o profissional mais experiente, mas aquele que estiver mais motivado para aprender.

Referências

ACKOFF, R. L. **Planejamento empresarial**. São Paulo: LTC, 1982.

ALDEIA. **Como criar mais valor na sua empresa**: cadeia de valor de Porter. Disponível em: <https://cursos.aldeia.cc/blog/como-criar-mais-valor-na-sua-empresa-cadeia-de-valor-de-porter/>. Acesso em: 7 fev. 2022.

ANTHONY, S. D. **O livro de ouro da inovação**: o guia definitivo para o sucesso organizacional e o crescimento pessoal. Rio de Janeiro: Elsevier, 2012.

BARROS, B. T. **Fusões, aquisições e parcerias**. São Paulo: Atlas, 2001.

BLOCK, P. **Consultoria infalível**: um guia prático, inspirador e estratégico. São Paulo: M. Books, 2012.

BOURDIEU, P. **A economia das trocas simbólicas**. São Paulo: Perspectiva, 2009.

BROWN, T. **Design thinking**: uma metodologia poderosa para decretar o fim das velhas ideias. Rio de Janeiro: Elsevier, 2010.

BÜTTENDENDER, P. L. **Estratégias, inovação e aprendizagem organizacional**: cooperação e gestão de competências para o desenvolvimento. Ijuí: Unijuí, 2020.

CHIAVENATO, I. **Administração**: teoria, processo e prática. Barueri: Manole, 2014.

CHOO, C. W. **A organização do conhecimento**: como as associações usam a informação para criar significado, construir conhecimento e tomar decisões. São Paulo: Senac, 2003.

DE MASI, D. **O futuro chegou**. Rio de Janeiro: Casa da Palavra, 2014.

DIAS, R. **Cultura organizacional**: construção, consolidação e mudanças. São Paulo: Atlas, 2013.

GALLO, C. **A arte de Steve Jobs**: princípios revolucionários sobre inovação para o sucesso em qualquer atividade. São Paulo: Lua de Papel, 2010.

GONZALEZ, R. S. **Governança corporativa**: o poder de transformação das empresas. São Paulo: Trevisan, 2012.

HANASHIRO, D. M. M. et al. **Gestão do fator humano**: uma visão baseada nos stakeholders. São Paulo: Saraiva, 2008.

HEFLO. **Workflow e processos**: entenda as diferenças. Disponível em: <https://www.heflo.com/pt-br/bpm/workflow-e-processos/>. Acesso em: 7 fev. 2022.

IBE – INSTITUTE OF BUSINESS EDUCATION. **Governança corporativa**: a imagem da confiança empresarial. 8 dez. 2020. Disponível em: <https://www.ibe.edu.br/governanca-corporativa-a-imagem-da-confianca-empresarial>. Acesso em: 7 fev. 2022.

ISAACSON, W. **Os inovadores**: uma biografia da revolução digital. São Paulo: Companhia das Letras, 2014.

JOHNSON, S. **De onde vêm as boas ideias**. Rio de Janeiro: Zahar, 2011.

LIEDTKA, J.; OGILVIE, T. **A magia do design thinking**: um kit de ferramentas para o crescimento rápido da sua empresa. São Paulo: HSM, 2015.

MAÇÃES, M. A. R. **Empreendedorismo, inovação e mudança organizacional**. Lisboa: Conjuntura Actual, 2017.

MAXIMIANO, A. C. A. **Introdução à teoria geral da administração**. São Paulo: Atlas, 2015.

McDANIEL, C.; GITMAN, L. J. **O futuro dos negócios**. São Paulo: Cengage Learning, 2011.

McSHANE, S. L.; GLINOW, M. A. V. **Comportamento organizacional**. Porto Alegre: AMGH, 2013.

MORGAN, G. **Imagens da organização**. São Paulo: Atlas, 1996.

PAGLIUSO, A. T.; CARDOSO, R.; SPIEGEL, T. **Gestão organizacional**: o desafio da construção do modelo de gestão. São Paulo: Saraiva, 2010.

PIDD, M. **Modelagem empresarial**. Porto Alegre: Bookman, 1998.

PIPEDRIVE. **Um guia simplificado sobre análise da cadeia de valor**: como construir processos de vendas mais eficientes. Disponível em: <https://www.pipedrive.com/pt/blog/analise-cadeia-de-valor>. Acesso em: 7 fev. 2022.

PORTER, M. E. **Estratégia competitiva**: técnicas para análise de indústrias e da concorrência. São Paulo: Atlas, 2005.

ROBBINS, S. P. **Administração**: mudanças e perspectivas. São Paulo: Saraiva, 2003.

ROCHA, T.; GOLDSCHMIDT, A. **Gestão de stakeholders**. São Paulo: Saraiva, 2010.

ROSENSTEIN, B. **O legado de Peter Drucker**: lições eternas do pai da administração moderna para a vida e para os negócios. Rio de Janeiro: Elsevier, 2010.

ROSSETTI, J. P.; ANDRADE, A. **Governança corporativa**: fundamentos, desenvolvimento e tendências. São Paulo: Atlas, 2019.

SCHERER, F. O.; CARLOMAGNO, M. S. **Gestão da inovação da prática**: como aplicar conceitos e ferramentas para alavancar a inovação. São Paulo: Atlas, 2016.

SENGE, P. **A quinta disciplina**: arte e prática da organização que aprende. Rio de Janeiro: BestSeller, 2010.

SILVA, E. C. **Governança corporativa nas empresas**. São Paulo: Atlas, 2016.

SOBRAL, F.; PECI, A. **Administração**: teoria e prática no contexto brasileiro. São Paulo: Pearson, 2013.

SOUZA, F. F. de; SANTANA, W. P. **Práticas de governança em condomínio**: aspectos práticos. ago. 2021. Disponível em: <https://jus.com.br/artigos/92314/praticas-de-governanca-em-condominio-aspectos-praticos#_ftn2>. Acesso em: 7 fev. 2022.

TAKEUCHI, H.; NONAKA, I. **Gestão do conhecimento**. Porto Alegre: Bookman, 2008.

TAJRA, S. F.; RIBEIRO, J. R. **Inovação na prática**: design thinking e ferramentas aplicadas a startups. Rio de Janeiro: Alta Books, 2020.

TATE, W. **The Search for Leadership**: an Organisational Perspective. Chicago: Triarchy, 2009.

TECNICON. **Como utilizar a cadeia de valor na gestão de processos**. 18 set. 2019. Disponível em: <https://www.tecnicon.com.br/blog/432-Como_Utilizar_a_Cadeia_de_Valor_na_Gestao_de_Processos>. Acesso em: 7 fev. 2022.

TEIXEIRA, E. A. **Criatividade, ousadia e competência**. São Paulo: Makron Books, 2002.

THIEL, P. **De zero a um**: o que aprender sobre empreendedorismo com o Vale do Silício. Rio de Janeiro: Objetiva, 2014.

TRÍAS DE BES, F.; KOTLER, P. **A bíblia da inovação**: princípios fundamentais para levar a cultura da inovação contínua às organizações. São Paulo: Lua de Papel, 2011.

VALENÇA, A. C. **Aprendizagem organizacional**: 123 aplicações práticas de arquétipos sistêmicos. São Paulo: Senac, 2017.

Sobre o autor

Samir Bazzi é graduado em Administração pela Pontifícia Universidade Católica do Paraná (PUCPR), tem MBA em Direito Tributário pelo Instituto Internacional de Educação e Gerência (Iege) e participa do Programa Internacional de Pós-Graduação (*stricto sensu*) em Administração da Universidade de la Empresa, em Montevidéu, Uruguai. Atualmente, é professor das disciplinas das áreas de gestão, finanças, contabilidade e projetos nos cursos de graduação e pós-graduação do Centro Universitário UniCuritiba. Além de atuar na docência, é sócio-gerente da empresa SB Inteligência Organizacional, que desenvolve atividades nos ramos de gestão de projetos, consultoria financeira, consultoria tributária e produção de conteúdo. É autor de várias obras nas áreas de gestão, contabilidade, tributária, financeira e projetos.

Os papéis utilizados neste livro, certificados por instituições ambientais competentes, são recicláveis, provenientes de fontes renováveis e, portanto, um meio **respons**ável e natural de informação e conhecimento.

FSC
www.fsc.org
MISTO
Papel produzido a partir de fontes responsáveis
FSC® C103535

Impressão: Reproset
Maio/2022